EINSTEIN SOCIALISTA

AUTONOMIA
LITERÁRIA

Coordenação: Cauê Ameni, Hugo Albuquerque, Manuela Beloni
Tradução: Ligia Marinho
Tradução da correspondência entre Einstein e Freud: Obras Completas de Sigmund Freud, edição Standard Brasileira. Rio de Janeiro: Imago, 1976. v. XXII.
Revisão de Texto: Amauri Gonzo e Aloe Rosa de Sousa
Organização: Hugo Albuquerque
Diagramação: Manuela Beloni
Capa: Rodrigo Côrrea/studiocisma

Dados Internacionais de Catalogação na Publicação (CIP)
(eDOC BRASIL, Belo Horizonte/MG)

E35 Einstein socialista: entrevistas, manifestos e artigos do maior cientista do século XX / Organizado por Hugo Albuquerque; tradução Ligia Magalhães. – São Paulo, SP: Autonomia Literária, 2023.
96 p. : 13,5 x 27 cm

ISBN 978-65-87233-95-6

1. Einstein, Albert, 1879-1955 – Entrevistas. 2. Socialismo. I.Albuquerque, Hugo. II. Magalhães, Ligia.
CDD 335

Elaborado por Maurício Amormino Júnior – CRB6/2422

Autonomia Literária
Rua Conselheiro Ramalho, 945
CEP: 01325-001 São Paulo – SP
autonomialiteraria.com.br

EINSTEIN SOCIALISTA

Entrevistas, manifestos e artigos do maior cientista do século XX

Organizado por Hugo Albuquerque
Traduzido por Lígia Marinho

2023
AUTONOMIA LITERÁRIA

Sumário

O socialista Albert Einstein

Por Hugo Albuquerque[1]

Albert Einstein (1879-1955) é, entre nós, sinônimo de inteligência superior. Sua face é a própria personificação das conquistas da ciência – em sua fase áurea – na virada do século XIX para o XX. Talvez, também, o vejamos como uma expressão de humanismo e cosmopolitismo além do progresso que a ciência pode nos trazer, mas certamente se desconhece seu pensamento e sua militância política: Einstein, saibam ou não, *era socialista.*

Judeu asquenazim, Einstein era expressão do multiculturalismo de sua gente, para quem as fronteiras mutáveis da Europa Central e Oriental eram assunto das nações eslavas e germânicas: um grande mundo judeu atado pelo ídiche, com inúmeras comunidades bastante coletivas que viviam, em grande medida, cooperativamente, resistindo e sobrevivendo – e que, naquele quadrante histórico, prosperava, apesar dos pesares.

---

[1] Hugo Albuquerque é editor da Autonomia Literária, jurista e organizador desta obra.

A postura de Einstein, cujo sobrenome se origina em velhos aldeamentos medievais cercados por pedras, é tudo menos a clausura, mas a elevação daquelas comunidades judaicas ao universal: coletivismo, solidariedade e cooperação. Em outras palavras, socialismo – e não é de se estranhar que tantos judeus, a exemplo de Karl Marx e Friedrich Engels, tenham se engajado nesta nobre causa: a sua organização enquanto minoria perseguida e de povo-classe, para citar aqui Abraham Leon, dentro e contra da sociedade de classes dos brancos era meio caminho andado para adotar essa posição.

Como diria George Sylvester Viereck, em entrevista que consta nesta obra, "se Briand adota uma visão pan-europeia, a de Einstein abraça o mundo" – ao comparar Einstein com Aristide Briand, um famoso estadista francês que tantas vezes ocupou o cargo de premiê em seu país, durante a chamada Terceira República. E foi assim que Einstein, em paralelo às suas conquistas e descobertas científicas, não foi um homem que se calou.

Contra tudo e contra todos, o jovem Einstein escreveu o *Manifesto aos europeus*, no qual, corajosamente, se voltava contra o *Manifesto dos Noventa e Três*, encabeçado pelo também físico Max Planck: a seu favor, Einstein tinha a assinatura de mais duas pessoas, enquanto Planck e o mainstream intelectual alemão todo defendiam a postura da Alemanha na Primeira Grande Guerra – que nem precisamos lembrar aos leitores no que terminou...

Por outro lado, Einstein também não se calou diante da ascensão do nazismo, quando este era frequentemente menosprezado – ou secretamente apoiado – por boa parte da intelectualidade europeia e atacado, frequentemente, apenas pela esquerda radical, embora houvesse quem duvidasse dos perigos que Adolf Hitler e seu séquito representavam. O pacato Einstein, longe de ser um protótipo de revolucionário, adotou uma postura, para a surpresa de muitos, bem mais corajosa do que se esperava de um moderado nas ações como ele.

Esse filme conhecemos bem no Brasil recente, no qual apenas a esquerda radical ousou pôr os *pingos nos is* em relação ao bolsonarismo, colocando, muitas vezes, sua reputação intelectual em perigo. Por sinal, levando em consideração que não havia precedentes históricos claros para amparar a posição de Einstein e, ainda, havia um ascendente movimento comunista no mundo, a tarefa dele certamente não era das mais fáceis.

Junte-se a isso o fato de Einstein ter renunciado, desde os anos 1910, à nacionalidade alemã e já ter se oposto à Primeira Guerra, além de ser judeu – o que o fazia ser acusado de estar *advogando em causa própria* –, sua posição era dificílima e lhe exigia uma boa dose de coragem. O mesmo poderia ser dito sobre ele fazer parte de uma comunidade científica que, à época, gozava de grande prestígio, mas colocava, de maneira até oportunista, as *causas mundanas* na berlinda – ou os tantos moderados, que, ou bem assumiram uma postura cínica, ou mesmo apoiaram os nazistas em nome da cruzada contra o comunismo.

Seria extremamente fácil, e cômodo, para alguém como Einstein, nos anos 1930, simplesmente negligenciar a ameaça nazista não apenas para os judeus como para o mundo. Ainda mais por nunca ter sido pessoalmente vinculado ao movimento comunista – que, no entanto, ele enxergava de forma respeitosa e ponderada, conhecedor que era da dimensão brutal do regime czarista russo.

No entanto, Einstein conhecia bem os perigos da ciência da energia atômica, disciplina à qual ele era um dos principais formuladores. A imagem pacata e discreta do velho cientista – uma celebridade mundial já há muito – contrastava, contudo, com sua inigualável coragem.

O mesmo Einstein não se calou diante das equiparações falaciosas entre a Alemanha Nazista e a União Soviética, sem nunca ter perdido a dimensão crítica em relação à Moscou. Nem se calou, como judeu, às violências cometidas pelos colonos judeus no nascente Estado de Israel para com os palestinos – pouco depois do Holocausto. Nem falharia nas críticas à segregação racial nos Estados Unidos, onde foi lecionar em seus últimos anos.

Ainda em 1949, mesmo residindo nos Estado Unidos e com a Guerra Fria a todo vapor, Einstein escreveria *Por que o Socialismo?* – que talvez seja o seu artigo mais conhecido sobre política, mas certamente esquecido com frequência e dissociado de sua imagem de sumo cientista. Não à toa, este texto, vez ou outra, é lembrado como "novidade" e não cansa de "surpreender" gerações após gerações, quando deveria ser intimamente ligado à imagem de Einstein. E que não se diga que era de uma forma atenuada de socialismo que Einstein estava falando:

> Numa economia planificada, em que a produção é ajustada às necessidades da comunidade, o trabalho a ser feito seria distribuído entre todas as pessoas aptas ao trabalho e garantiria condições de vida a todo homem, mulher e criança.

Ou mesmo que, especificamente sobre a Revolução Russa, ele tenha confessado a Viereck que:

> O bolchevismo é uma experiência extraordinária. Não é impossível que a deriva da evolução social daqui para a frente seja em direção ao comunismo. O experimento bolchevista talvez valha a pena.

Há uma certa dose de utopismo em seus escritos, e um enorme enigma de como o socialismo pode ser alcançado e mantido, mas o que nos interessa aqui na publicação desses artigos, entrevistas e manifestos em que Einstein expressa suas posições políticas, é como muitas vezes esse "detalhe" é esquecido. Os relatos do grande físico do século XX dizem muito sobre quem sonega essa informação.

Talvez pelas piores razões, as ciências exatas alcançaram entre nós um status de demasiada confiabilidade, objetividade e verdade, por serem, supostamente, purgadas da "ideologia". Sem reverberar essa crença, apontar que aquele que é considerado o maior físico do século XX era, também, um socialista militante, coloca a própria narrativa cientificista, quase sempre favorável à ordem capitalista, em curto-circuito – assim como põe em questão a crença da infalibilidade do capitalismo, muitas vezes ancorada em discursos que usam e abusam de argumentos matemáticos e "exatos".

Manifesto aos europeus (1914)[2]

Embora a tecnologia e o transporte claramente nos levem ao reconhecimento factual das relações internacionais e, portanto, a uma civilização mundial comum, também é verdadeiro que nenhuma outra guerra tenha interrompido tão intensamente o caráter comunal da cultura e do trabalho cooperativo como esta de agora. Talvez tenhamos alcançado consciência tão saliente apenas por conta dos inúmeros vínculos comuns prévios, cuja interrupção hoje sentimos tão dolorosamente.

Mesmo que esse estado de coisas não nos surpreenda, aqueles cujo coração está ao menos preocupado com a civilização mundial comum teriam a dupla obrigação de lutar pela defesa desses princípios. Contudo, aqueles de quem se deve esperar tais convicções - que são principalmente os cientistas e os artistas - até agora têm, quase que exclusivamente, proferido

---

[2] Einstein, Albert; Beck, Anna; Havas, Peter (1997). *The Collected Papers of Albert Einstein*, Vol. 6, The Berlin Years: Writings, 1914–1917. Princeton, NJ: Princeton University Press. ISBN 0-691-01734-4. Da tradução de Alfred Engel. (N.E.)

sentenças que sugerem que seu desejo pela manutenção dessas relações se evaporou simultaneamente à interrupção delas. Eles têm se pronunciado com justificável espírito marcial – mas nada falam sobre paz.

Nenhuma paixão nacional pode servir como desculpa para tal estado de ânimo, isso é indigno de tudo que o mundo entende, até hoje, pelo nome de cultura. Se esse ânimo alcançasse certa universalidade entre as pessoas cultas, seria um desastre. E não seria um desastre apenas para a civilização, mas – e estamos firmemente convencidos disso – um desastre para a sobrevivência nacional dos Estados individuais – a suma causa para o desencadeamento, no fim das contas, de toda essa barbaridade.

Por meio da tecnologia o mundo se tornou menor, os Estados da grande península que hoje é a Europa parecem estar tão perto uns dos outros quanto estavam as cidades de cada pequena península mediterrânea nos tempos antigos. Nas necessidades e experiências de cada indivíduo, baseadas em sua consciência da diversidade de relações, a Europa – quase se poderia dizer isso do mundo – já se delineia como um elemento unívoco.

Seria, portanto, dever dos europeus cultos e bem-intencionados ao menos tentar prevenir a Europa – em razão de suas deficiências enquanto organização como um todo – de sofrer o mesmo destino trágico da Grécia Antiga. A Europa deve se exaurir gradualmente e, assim, perecer por causa de uma guerra fratricida?

A batalha ferrenha de hoje provavelmente não produzirá vencedor, é possível que leve apenas ao aniquilamento. Portanto, parece não apenas bom, mas amargamente necessário que homens instruídos de todas as nações ordenem sua influência de tal modo que – seja qual for o fim ainda incerto da guerra – os termos de paz não sejam a fonte de guerras futuras. O fato evidente de que, através dessa guerra, todas as condições relacionais europeias desembocaram num estado instável e plasticizado, deveria ser usado para criar uma unidade europeia orgânica. As condições tecnológicas e intelectuais para isso existem.

Não é necessário que se delibere aqui por qual maneira este novo ordenamento na Europa seria possível. Queremos apenas enfatizar, muito fundamentalmente, que estamos firmemente convencidos de que é chegada a hora de a Europa agir em unidade, em função de proteger seu solo, seus habitantes e sua cultura.

Para essa finalidade, parece que, antes de mais nada, é necessário que todos aqueles que têm em seus corações um lugar para a civilização e a cultura europeia, ou melhor dizendo, aqueles que, nas palavras prescientes de Goethe, podem ser chamados de "bons europeus", se unam. Para que não desistamos da esperança que suas vozes erguidas coletivamente – mesmo que entre o alarido das armas – não restem inauditas, especialmente se, entre esses "bons europeus do amanhã", encontrarmos os que têm a estima e a autoridade entre seus pares instruídos.

É necessário que primeiro os europeus se unam, e se – como esperamos – se for possível encontrar europeus suficientes na Europa, quer dizer, pessoas para quem a Europa não é meramente um conceito geográfico, mas um assunto caro ao coração, então talvez devamos tentar convocar essa união de europeus. Logo em seguida, essa união deve falar e deliberar.

Queremos apenas exortar e invocar a essa finalidade; e se você compartilha do nosso sentimento, se o seu pensamento, assim como o nosso, estiver determinado a fornecer a mais extensiva ressonância possível ao propósito europeu, pedimos que nos envie a sua assinatura (apoio).

O que significa a vida para Einstein (1929)

Entrevista de George Sylvester Viereck[3] publicada
no *The Saturday Evening Post*

Relatividade!

Que palavra seria mais simbólica nesta era? Deixamos de ser categóricos em qualquer coisa. Olhamos para tudo sob a luz da relatividade, que se tornou o joguete do filósofo de salão.

---

[3] George Sylvester Viereck (1884 - 1962) foi um jornalista e escritor germano-americano, nascido em Munique mas radicado nos Estados Unidos, cujo pai e o tio eram militantes socialistas revolucionários. Durante a Primeira Guerra, ele foi apoiador do chauvinismo alemão, apesar de ser um escritor destacado. Nos anos 1920, ele conduziu uma série de entrevistas com muitos dos pensadores e personagens centrais da época, mas a partir dos anos 1930 e 1940, aderiu ao nazismo e foi preso por conta disso durante a Segunda Guerra. Personagem complexo, essa entrevista com Einstein, pela trajetória posterior de ambos, não deixa de ser uma prova das ironias da História. (N.E.)

Há alguma norma neste nosso mundo pós-guerra que não tenha sido desafiada? Há algum sistema absoluto de ética, economia ou lei cuja estabilidade ou permanência não tenha sido atacada em algum lugar? É possível existir algum valor permanente ou alguma verdade absoluta num mundo em que os três ângulos do triângulo deixaram de ser iguais a dois ângulos retos – num mundo em que o próprio tempo perdeu seu sentido, em que o infinito se torna finito e o finito se perde no infinito?

Einstein se recusa a patrocinar teorias modernas que esboçam justificativas a partir de seu ataque às certezas matemáticas. A voz dele foi ressoante e gentil, porém as palavras foram decisivas quando, com uma sentença, ele estilhaçou a aplicação imprudente do termo "relatividade" à filosofia e à vida.

"O significado de relatividade", ele diz, "tem sido amplamente incompreendido. Filósofos brincam com essa palavra como as crianças brincam com bonecas. A relatividade, como eu a vejo, apenas denota que certos fatos físicos e mecânicos, que eram considerados categóricos e permanentes, são relativos no que diz respeito a certos outros fatos da esfera da física e da mecânica. Isso não significa que tudo na vida é relativo e que temos o direito de, maliciosamente, virar o mundo inteiro do avesso". Eu agora me lembrei de que, alguns anos atrás, quando me encontrei com Einstein pela primeira vez, em Nova York, ele foi enfaticamente resistente à sugestão de que fosse um filósofo. "Eu sou somente físico", disse. Apesar dessas recusas, Einstein se situa numa relação simbólica para a nossa era – uma era caracterizada pela revolta contra o absoluto em todas as esferas da ciência e do pensamento. Ele é filho de seu tempo, mesmo que se esquive da metafísica.

Professor nato

Assim como Napoleão e Mussolini, Albert Einstein obteve a distinção de se tornar uma figura quase lendária ainda em vida. Nenhum outro homem desde Copérnico, Galileu e Newton forjou tantas mudanças fundamentais na nossa atitude com relação ao universo. O universo de Einstein é finito. Visto pelos olhos dele, o espaço e o tempo são termos quase intercambiáveis. O tempo aparece revestido pela quarta dimensão. O espaço, uma vez indefinido, assumiu a forma de uma esfera. Einstein nos ensinou que a luz se move em ondas. Todos esses fatos foram deduzidos da teoria da relatividade, que Einstein fez avançar em 1915.

Com o advento de Einstein, a matemática deixou de ser uma ciência exata à maneira de Euclides. A nova matemática surgiu em meio à Guerra Mundial[4]. Não é impossível que a descoberta

---

[4] Naturalmente, isso se refere à Primeira Guerra Mundial (1914-1918), que foi o primeiro conflito entre as potências imperialistas europeias, as primeiras, em toda a História Universal, a estender seu poder por todo o globo terrestre. (N.E.)

de Einstein tenha papel mais relevante do que a Grande Guerra na evolução do pensamento humano. Sua fama pode superar a de Foch e Ludendorff, Wilson e Clemenceau.

Einstein, nas palavras de seu colega favorito, Erwin Schrödinger, explica as leis fundamentais da mecânica como proporções geométricas do espaço e do tempo.

Eu não tentarei fazer uma exposição dessa afirmação. Dizem que apenas dez homens entendem a teoria da relatividade de Einstein.

Sua paciência é infinita, ele gosta de explicar suas teorias. Professor nato, Einstein não se melindra com perguntas. Ama crianças. O filho de 10 anos de um amigo estava convencido de que tinha descoberto o segredo do movimento perpétuo, Einstein explicou-lhe minuciosamente a falha em seus cálculos.

Sempre que surge uma questão que envolva algum problema matemático difícil, Einstein imediatamente toma a sua caneta e cobre páginas e mais páginas com as equações mais intrincadas. Não faz consulta a livros, ele elabora essas fórmulas de imediato e por si só. Frequentemente a fórmula assim obtida é mais clara e compreensível que as equações dos livros de referência.

Tempo e espaço

Recentemente, alguém o abordou para conversar sobre fotografia a cores. Einstein imediatamente resolveu o assunto em sua mente. Estudou a câmera, fez vários cálculos, e, antes que a noite tivesse terminado, ele desenvolveu um novo método de fotografia colorida.

É difícil para ele explicar suas teorias quando escreve um artigo para o consumo de leigos, mas quando o leigo expõe o abismo de sua ignorância diante de Einstein, o grande matemático consegue transpor um precipício com uma ilustração competente. Conversando com ele, vislumbrei num *flash* não apenas uma quarta dimensão, mas inúmeras outras. Reluzente de orgulho pela minha conquista, rabisquei uma frase aqui e ali, mas depois minhas anotações se mostraram tão difíceis de interpretar quanto a trama fantástica de um sonho.

"Como eu faço para ter ao menos uma vaga ideia do que é a quarta dimensão?", ao que Einstein replicou, inclinando ligeiramente a coroa de cachos brancos em sua cabeça: "Imagine uma cena num espaço bidimensional – por exemplo, uma pintura de um homem reclinado num banco. Há uma árvore atrás do banco. Então imagine que o homem caminha do banco em direção a uma pedra do outro lado da árvore. Ele não pode alcançar a pedra, exceto se caminhar, ou pela frente, ou por trás da árvore. Isso é impossível num espaço bidimensional. Ele só pode chegar à pedra por uma incursão à terceira dimensão. Agora imagine que há um outro homem sentado nesse banco. Como chegou lá? Como dois corpos não podem ocupar o mesmo espaço ao mesmo tempo, ele só pode ter chegado lá antes ou depois do primeiro homem ter se movido. Ele deve ter se movido no tempo. A quarta dimensão é o tempo. De um modo similar, é possível explicar a quinta, a sexta e tantas dimensões mais. Muitos problemas da matemática ficam mais simples se assumirmos a existência de mais dimensões".

Eu tentei assegurar uma explicação da quinta dimensão. Lamento dizer que não me lembro claramente da resposta. Einstein falou algo a respeito de uma bola que é arremessada, que pode desaparecer em um dentre dois buracos. Um desses buracos era a quinta, o outro a sexta dimensão.

Achei mais fácil entender a descoberta de Einstein, promulgada em 1929, que explica o universo em termos do eletromagnetismo. Mas, infelizmente, o próprio físico ainda não teve pleno sucesso em convencer a si mesmo. Ele não olha para as seis páginas que abalaram o mundo e que foram imediatamente propagadas pelo éter em fac-símile como uma conclusão final.

Para chegar a sua conclusão, foi necessário que Einstein explicasse a gravidade em termos de eletricidade. A fórmula necessária para uma proposta dessa é tão complexa que, no intuito de explicar seu significado, ele foi compelido a criar um novo sistema de matemática avançada.

Esse novo sistema reconcilia Euclides e Riemann e restabelece as linhas paralelas, abolidas por Riemann.

De acordo com Riemann, não podem haver linhas paralelas num universo curvo. Einstein redescobriu as linhas paralelas com a ajuda da quarta dimensão. Não me peça para explicar o processo em detalhe, pois é algo que deve ser expresso numa série de equações intrincadas que nenhum ser humano, nem mesmo Einstein, é capaz de visualizar.

Sentado confortavelmente no sofá da sala de estar de sua casa em Berlim, Einstein me disse: "Homem algum pode visualizar quatro dimensões, exceto matematicamente. Nem mesmo três dimensões nós podemos visualizar."

"Mas você não pensa em quatro dimensões?", falei.

"Eu penso em quatro dimensões", replicou ele, "mas apenas abstratamente. A mente humana é incapaz de retratar essas dimensões assim como é incapaz de imaginar a eletricidade. Mesmo assim elas não são menos reais do que o eletromagnetismo, a força que controla o universo, por dentro, e por ela nós existimos."

"Eu estou particularmente interessado na sua nova teoria que prova que a gravidade e a eletricidade são uma coisa só. Certamente, não existem outras seis páginas escritas pelas mãos de qualquer estudioso que tenham provocado tamanha revolução no pensamento humano?"

"Infelizmente", comenta Einstein, com um sorriso que dá um ar travesso ao seu rosto, "minha última teoria é apenas uma hipótese que precisa ser provada. Como a minha teoria da relatividade é diferente, ela foi confirmada por muitos pesquisadores independentes, e agora pode ser considerada definitivamente estabelecida."

Mais uma vez um sorriso brincou em seu rosto, saindo de seus olhos, indo em direção às bochechas e desaparecendo no bigode, ligeiramente mais escuro que os volumosos cabelos emaranhados em sua cabeça.

Einstein e sua esposa, que também é prima dele, encheram nossos copos com suco de morango e reabasteceram nossos pratos com mais salada de frutas. Einstein não toma nenhum tipo de bebida alcoólica, porém não resiste à tentação do tabaco. Ele fuma mais do que deveria, e, com a satisfação cheia de culpa de um colegial, ostenta, orgulhosamente, seu primeiro charuto. Isso me estimulou a compartilhar o suco de morango e a salada de frutas com o homem cujo nome está na boca de todos e cujas ideias quase ninguém entende.

O estreito relacionamento de Einstein com a sua esposa expressa por si só a similaridade de suas fisionomias. Os pais deles eram primos e as mães eram irmãs. Com tranquilidade, a senhora Einstein diz "eu sou quase tudo o que se pode ser para o meu marido". Ela se parece com um retrato de sua irmã, a senhora Gumpertz, pintado anos atrás pelo Sir John Lavery, chamado "A *lady* com zibelina".

Einstein cresceu com a prima. Eram amigos desde tenra idade. Quando o destino os separou no começo da vida, Einstein se casou com uma matemática brilhante, de origem sérvia[5]. Teve dois filhos com a primeira mulher. Sua companheira de infância, a senhora Einstein atual, também se casou e se tornou mãe de família. Seu marido morreu após poucos anos de casamento. Então alguma força, mais potente do que aquelas que o professor Einstein apreende em suas equações dinâmicas, uniu os dois primos. Albert Einstein tratou de se divorciar de sua esposa matemática e se casou com a prima viúva. Talvez seja um erro um físico se casar com uma matemática, não há espaço para duas *prima donnas* numa única família – James Huneker certa vez comentou isso comigo.

A tormenta e a tensão desse período cravaram suas marcas nas feições e no coração de Einstein. A relação dele com a ex-mulher ainda é amigável. Ele é profundamente interessado pelos filhos do primeiro casamento, e adotou como seus os filhos nascidos da primeira união de sua prima.

Um de seus comentadores, Alexander Moskowski, chama Einstein de esfinge masculina. Quando Einstein fala, um quê de

---

[5] Mileva Maric foi colega de Einstein no Instituto Federal de Tecnologia de Zurique, sendo a única mulher da turma e a segunda a terminar o curso no Departamento de Matemática e Física da instituição. Há evidências de que ela teve grande colaboração no desenvolvimento da Teoria da Relatividade. Quando recebeu o prêmio Nobel, em 1921, Einstein, já divorciado e em união com a segunda esposa, transferiu todo o dinheiro do prêmio para Mileva.

Briand[6] se faz lembrar em seu rosto animado, à exceção de que as feições do físico são mais refinadas e intelectuais. Se Briand adota uma visão pan-europeia, a de Einstein abraça o mundo.

A luta de Einstein com o destino não deixou amargor em sua língua, todas as linhas de seu rosto expressam gentileza. Isso também indica um orgulho indômito. Alguns amigos e admiradores ficaram sabendo que ele havia decidido construir uma casa de veraneio com suas economias duramente conquistadas. Eles lhe ofereceram terras, um presente principesco, mas Einstein sacudiu a cabeça. "Não, eu poderia aceitar um presente desses da comunidade, mas não de um indivíduo. Todo presente que aceitamos – às vezes – é uma amarra", acrescentou com sabedoria talmúdica, "o preço mais caro que se paga é por algo que se ganhou de graça".

O retiro no sótão

Apesar de ser o cientista mais comentado do mundo, Einstein se recusa absolutamente a tirar proveito de sua reputação. Ele riu quando lhe pediram para promover cigarros americanos. O dinheiro oferecido para usarem seu nome poderia pagar os

6 Aristide Briand foi um destacado estadista francês, muito presente na vida política de seu país entre os anos de 1906 e 1932. Ocupou o cargo de primeiro-ministro da França por seis vezes, sendo onze mandatos, e ganhou o Prêmio Nobel da Paz em 1926. (N.E.)

custos de sua casa de veraneio. Sabendo que a fama o separou dos outros homens, ele sente que deve preservar a integridade de sua alma a todo custo. Ele se esquiva do entrevistador por todos os expedientes possíveis. A timidez dita o seu isolamento, e a esposa o auxilia a manter-se em reclusão. Incapaz de conferir a avalanche de ofertas e demandas que o sobrecarregam, ele não responde à maioria das cartas que recebe, até mesmo as enviadas por celebridades. No entanto, não ignora nem mesmo o mais singelo bilhete de um amigo. Devolve ofertas principescas de explorar suas teorias e sua vida em livros para consumo popular. "Eu me recuso a fazer dinheiro por fora da minha ciência. Minha láurea não está à venda como se fosse fardos de algodão", afirma muitas e muitas vezes.

É pouco conhecido o fato de que o professor Einstein não é apenas um *expert* nos temas mais elevados da alta matemática, mas ele também tira especial prazer da solução prática de problemas técnicos, como confrontar construtores de máquinas e eletricistas. Sua mente, quase que instintivamente, chega a conclusões que escapam ao engenheiro médio. Ele atribui seu treino nesse trabalho prático ao fato de ter sido, por muitos anos, conselheiro do escritório de patentes suíço. Devido a trabalhos desse tipo que Einstein construiu uma fortuna modesta que lhe possibilitou levantar sua casa de veraneio sem necessitar de alguma subvenção pública da municipalidade de Berlim.

Na solidão do sótão no último andar do pequeno prédio onde mora, na Haberlandstrasse, Einstein resolve problemas matemáticos e técnicos que lhe são submetidos. Ele mobiliou o pequeno sótão exclusivamente com os móveis, já bem antigos, que havia comprado com suas primeiras economias, muitos anos atrás.

Eu esperava ver utensílios estranhos e tomos raros no retiro secreto do cientista. Não me surpreenderia se a sua toca se assemelhasse ao laboratório de um mago medieval. Eu estava fadado à frustração. Einstein não emula um Doutor Fausto[7]. Há poucos livros e também poucos quadros. Faraday, Maxwell, Newton. Eu não vi círculos e nem triângulos. O único instrumento de Einstein é sua cabeça. Ele não precisa de livros. Seu cérebro é a sua biblioteca.

---

[7] O Doutor Fausto remete a uma lenda baseada em um personagem real, um alquimista alemão que viveu entre os séculos XV e XVI, e que alimentou tanto os célebres tomos de Goethe, escritos entre o século XVIII e XIX, e peça de Marlowe dos finais do século XVI. Sua lenda, que inspirou tantas obras literárias, talvez tenha sido inspirada na lenda medieval de Teófilo, aquele que faz um pacto com o diabo em troca de inúmeras benesses que variam conforme a narrativa – juventude, poder, conhecimento. As narrativas mais antigas dão conta de Fausto como a imagem de um mago – ocultista e cientista ao mesmo tempo, como era comum no início da Idade Moderna, despertando admiração e medo. (N.E.)

Da sua mesa apenas se avistam telhados – um oceano deles – e o céu. Aqui ele fica sozinho com suas especulações. Aqui, como Palas, saltam de sua cabeça as teorias que revolucionaram a ciência moderna. Aqui não há interferência de qualquer ser humano a impedir que seus pensamentos voem. Até sua esposa não adentra este espaço sagrado sem algum tremor.

Albert Einstein não se enterra nos estudos ininterruptamente. Fisicamente, ele não é um fracote. Adora esportes aquáticos. Seu brinquedo favorito é um barco a vela com todas as melhorias técnicas modernas, no qual ele se diverte nos lagos e rios próximos no seu vilarejo, Caputh, onde tem uma casa de veraneio[8]. Com uma toalha embrulhando, fantasticamente, a sua cabeça, ele se parece mais com um pirata do que com um professor de uma grande universidade. Em batalha com o vento, ele se esquece da relatividade e da quarta dimensão. Quando os respingos de água brilham no prateado de seus cabelos e o sol atinge suas feições de querubim, seus pensamentos estão distantes do espaço-tempo curvo.

---

[8] Caputh é um vilarejo que fica no município de Schwielowsee, estado de Brandemburgo, a menos de 50 km da casa de Einstein. (N.E.)

Nossa democracia intelectual

Pensador especulativo, engenheiro na prática, esportista e artista, Einstein chega perto do ideal grego de desenvolvimento harmônico. Quando não está velejando em seu barco nem permitindo que sua mente serpenteie pelo espaço em quarta dimensão, Einstein se entretém com seu violino. Enquanto eu esperava à porta de seu apartamento, me pareceu ter ouvido acordes de música élfica. Talvez fosse Einstein tocando. Quando eu entrei, ele estava guardando seu violino, como uma mãe coloca o filho no berço à noite.

O professor Einstein parece mais um músico do que um matemático. Com um sorriso meio melancólico e meio apologético, ele me confessa: "Se eu não fosse físico, provavelmente eu seria músico. Eu penso em música com frequência. Meus devaneios são com música. Vejo minha vida em termos musicais."

"Talvez, se você tivesse escolhido ser músico, ofuscaria Richard Strauss e Schönberg. Talvez tivesse nos dado a música das esferas ou da quarta dimensão", comentei.

Einstein contemplou sonhadoramente – os quatro cantos da sala, ou o espaço – aquele espaço que suas investigações roubaram do infinito?

"Eu não poderia dizer", respondeu, "se eu teria feito algum trabalho criativo de importância na música, porém sei que extraio mais alegria de viver do meu violino". A bem da verdade, o gosto musical de Einstein é severamente clássico. Até Wagner, para ele, é puro banquete para os ouvidos. Adora Mozart e Bach. Até mesmo prefere o trabalho desses compositores à música arquitetural de Beethoven.

O presidente Hindenburg[9] quase nunca aparece em público, pois é imediatamente reconhecido aonde quer que ele vá. Por essa mesma razão, o professor Einstein recusa todos os convites para ir aos restaurantes mais conhecidos. Embora sua fama mundial o faça buscar o isolamento, ele é um ser sociável. Ama conversas calmas em sua própria mesa de jantar, com amigos tais como Gerhart Hauptmann e o professor Schrödinger. Lê pouco. Ficção moderna não o seduz. Até mesmo na ciência, ele se limita, em grande parte, ao seu campo de especialidade. "A leitura depois de certa idade distrai bastante a mente de suas buscas criativas. Qualquer homem que lê muito e usa muito pouco o próprio cérebro cai em hábitos preguiçosos de pensamento, assim como o homem que gasta muito tempo no teatro é tentado a se contentar com uma vida alheia em vez de viver a própria".

Em seu campo de pensamento, Einstein acompanha cada desenvolvimento com interesse aguçado. Tem o dom de ler

---

[9] Paul von Hindenburg (1847-1934) era um militar e político alemão, que serviu como presidente de seu país, já em idade avançada, desde 1925 e foi ele quem nomeou Hitler premiê anos mais tarde – em meio às tantas crises que aturdiram a jovem república alemã. (N.E.)

uma página de equações inteira num relance, e pode dominar um novo sistema matemático inteiro em apenas uma hora.

"Quem são os seus maiores contemporâneos?", eu pergunto a ele.

Com os olhos brilhando com humor, Einstein respondeu: "Eu não posso responder a essa pergunta sem fazer uma compilação numa enciclopédia. Eu nem mesmo posso discutir com inteligência os homens que atuam em meu próprio campo sem escrever um livro".

E adicionou: "Nosso tempo tem espírito gótico. Diferente da Renascença, não é um tempo dominado por algumas poucas personalidades fora do comum. O século XX estabeleceu a democracia do intelecto. Na república da arte e da ciência, há muitos homens que têm igual parcela de importância nos movimentos intelectuais de nossa era. É a época, mais do que o indivíduo, que importa. Não há uma personalidade dominante, como Galileu ou Newton. Mesmo no século XIX ainda havia alguns gigantes que se sobrepunham a todos os outros. Hoje o nível é muito mais elevado, como jamais foi antes na história mundial, no entanto há poucos homens cuja estatura os destaque imediatamente dos demais".

"Quem você considera o trabalhador mais notável do seu campo?"

A grandeza contemporânea

"Não é justo destacar indivíduos", Einstein respondeu. "Na Alemanha, eu considero Schrödinger e Heisenberg como sendo de especial importância."

"Schrödinger?", eu disse. "O que ele fez?".

"Schrödinger descobriu a fórmula matemática para explicar o fato de que toda vida se move em ondas."

"E Heisenberg?"

"Heisenberg é um matemático supremo que formulou uma nova definição de magnitudes matemáticas. Em seguida tem, é claro, Planck, o expoente da teoria quântica."

Eu não pedi a Einstein que explicasse a teoria quântica. Eu sei que ela é ainda mais difícil de compreender que a relatividade.

"Você diria que Eddington é o seu intérprete mais brilhante?"

"Eddington é um grande matemático, mas sua conquista suprema é a descoberta da constituição física das estrelas", Einstein replicou.

"Há nos Estados Unidos alguém cuja importância seja comparável com a desses homens que você acabou de pôr em discussão?", perguntei modestamente.

"Nos Estados Unidos", Einstein respondeu calmamente, "mais do que em qualquer lugar, o individual está perdido em meio às conquistas de muitos. Os Estados Unidos estão começando a liderar o mundo em termos de pesquisa científica. Os estudos estadunidenses são pacientes e inspiradores. Mostram uma devoção altruísta para com a ciência que em muito se opõe à visão convencional europeia de seus compatriotas. Muitos de nós olham para as pessoas dos Estados Unidos como caçadores de dólares. Essa é uma calúnia cruel, mesmo quando reiterada impensadamente pelos próprios estadunidenses. Não é verdade que o dólar seja fetiche para eles. Seus estudantes não estão interessados em dólares, tampouco em sucesso, mas sim no seu trabalho, o objeto de sua pesquisa. É a sua aplicação penosa aos estudos, ao infinitamente pequeno e ao infinitamente grande que conta para o seu sucesso na astronomia".

"Qual foi a nossa realização de maior destaque no seu campo?", perguntei.

"Os Estados Unidos têm sido especialmente bem-sucedidos em aumentar o nosso conhecimento sobre as estrelas fixas. Mas nos Países Baixos e em outros lugares há quem tenha feito trabalho notável", Einstein respondeu.

"Os americanos são idealistas", Einstein continuou, "[Woodrow] Wilson, a despeito do colapso de seus Quatorze Pontos[10],

[10] Em 1918, Woodrow Wilson, então presidente dos Estados Unidos, realizou uma proposta que pretendia resolver a questão da Primeira Guerra de forma definitiva. No meio tempo em que os tratados de paz que selariam a Primeira Guerra eram discutidos, Woodrow Wilson redigiu os catorze pontos que pretendiam selar um equilíbrio pacífico entre os europeus. Conhecido como "14 pontos de Wilson" ou "14

era inspirado por ideais elevados. Os Estados Unidos entraram na guerra por motivos idealistas, apesar do fato de interesses materiais estarem exercendo máxima pressão na mesma direção".

Einstein inclina sua cabeça suavemente para o lado como um passarinho, "Nós estamos inclinados a superenfatizar as influências materiais na história. Os russos, especialmente, cometeram esse erro. Valores intelectuais e influências éticas, fatores emocionais e relativos à tradição são igualmente importantes. Se não fosse esse o caso, a Europa poderia ser hoje um Estado federado, não um hospício de nacionalismo".

Nascido em Ulm, na Alemanha, em 1879, educado parcialmente lá, parcialmente na Itália e parcialmente na Suíça, um cidadão suíço bem como alemão, Einstein encara as rivalidades internacionais com a mesma serenidade com que um professor encara seus alunos brigando na escola. Na política, ele tende para o socialismo. Encara o pacifismo como ideal irrevogável. Pobre, judeu, socialista e pacifista, Einstein carrega quatro desvantagens como uma corda no pescoço. Ele supera todos os obstáculos, inclusive sua própria timidez, pela força transparente de sua atividade intelectual. Não rejeita nenhuma forma de governo, exceto o absolutismo. É tolerante, mas de maneira alguma é acrítico, em sua atitude com relação à Rússia.

---

pontos para a Paz", esse documento seria de grande importância para que a Liga das Nações, uma espécie de embrião da atual ONU, fosse criada. (N.E.)

"Qual é a sua postura com relação ao bolchevismo?", inquiri.

"O bolchevismo é uma experiência extraordinária. Não é impossível que a deriva da evolução social daqui para a frente seja em direção ao comunismo. O experimento bolchevista talvez valha a pena. No entanto, eu penso que a Rússia erra grandemente na execução de seu ideal. Os russos cometem o erro de colocar a fé no partido acima da eficiência. Substituem homens eficientes por políticos. Sua baliza para o serviço público não é a realização, mas sim a devoção a um credo rígido."

"Você acredita na República alemã?"

"Sem dúvida. O povo tem o direito de governar a si mesmo. Agora, pelo menos, nossos erros são nossos."

Podemos fazer o que desejamos, mas...

"Você culpa o *kaiser* pela ruína da Alemanha?"

Einstein respondeu: "O *kaiser* teve boas intenções. Ele muitas vezes tem os instintos corretos. Suas intuições com frequência foram mais inspiradas do que as razões elaboradas de seu ministério de Relações Exteriores. Infelizmente, ele sempre estava cercado por conselheiros precários."

"Parece-me que há dois partidos na Alemanha, um culpa o *kaiser* pela derrocada alemã, o outro procura colocar a responsabilidade sobre os judeus", interrompi.

"Os dois são em grande parte inocentes. A ruína alemã se deve ao fato de que o povo alemão, especialmente as classes mais altas, falharam em produzir homens de caráter, fortes o bastante para segurar as rédeas do governo e falar a verdade ao *kaiser*." E acrescentou, um tanto hesitante: "Em parte isso foi culpa de Bismarck. Sua filosofia de governo estava errada. Além disso, não havia ninguém para suceder o gigante. Como muitos homens de gênio, ele era muito desconfiado para permitir que outro homem seguisse seus passos. De fato, é duvidoso que qualquer outro homem pudesse ter seguido o caminho político tortuoso de Bismarck."

"Em algum sentido", acrescentou, "nós não podemos assumir nenhuma responsabilidade. Eu sou determinista, e como tal eu não acredito em livre arbítrio. Os judeus acreditam em livre arbítrio, acreditam que o homem dá forma à sua vida. Eu filosoficamente rejeito tal doutrina. Nesse aspecto eu não sou judeu".

"Você não acredita que o homem tenha livre agência, ao menos dentro de certos limites?"

Einstein sorriu insinuadoramente: "Eu acredito no que diz Schopenhauer: nós podemos fazer o que desejamos, mas só podemos desejar o que podemos. Na prática, apesar disso, eu sou compelido a agir como se o livre-arbítrio existisse. Se eu quiser viver numa comunidade civilizada, eu tenho que agir como se o homem fosse um ser responsável".

"Eu sei que filosoficamente um assassino não é responsável pelo seu crime, mesmo assim, eu devo me proteger de contatos desagradáveis. Eu posso considerá-lo inocente, mas prefiro não tomar um chá com ele."

"Você quer dizer que não pode escolher sua própria trajetória, e sim que suas ações são predeterminadas por alguma força que lhe é alheia?"

O perigo do excesso de análise

"Minha própria carreira, sem dúvidas, foi determinada não por minha própria vontade, mas por vários fatores sobre os quais eu não tenho controle – primeiramente essas glândulas misteriosas em que a natureza prepara a suma essência da vida, nossas secreções internas."

"Talvez isso lhe interesse", interrompi, "Henry Ford uma vez me disse que ele, também, não entalhou sua própria vida, mas que todas as suas ações foram determinadas por uma voz interior."

"Ford", Einstein respondeu, "talvez chame isso de voz interior. Sócrates se refere a isso como *daimon*. Nós, modernos, preferimos falar que são nossas glândulas de secreção interna. Cada um explica à sua própria maneira o fato inegável de que a vontade humana não é livre".

"Você não ignora deliberadamente todos os fatores psíquicos no desenvolvimento humano? Qual é, por exemplo", eu perguntei, "sua opinião com relação ao inconsciente? De acordo com Freud, eventos psíquicos registrados indelevelmente nas profundezas de nossa mente fazem ou arruínam nossas vidas."

"Enquanto historiadores materialistas e filósofos negligenciam a realidade psíquica, Freud tende a ressaltar a sua importância. Eu não sou psicólogo, mas me parece razoavelmente evidente que fatores psicológicos, especialmente os endócrinos, controlam o nosso destino."

"Então você não acredita em psicanálise?"

Einstein respondeu sobriamente: "Eu não estou apto a me aventurar num julgamento acerca de um estágio tão importante do pensamento moderno. No entanto, me parece que a psicanálise nem sempre é salutar. Mergulhar no inconsciente nem sempre pode ser útil. O maquinário de nossas pernas é controlado por centenas de músculos diferentes. Você acha que nos ajudaria na hora de andar saber exatamente qual dos pequenos músculos devem ser empregados na locomoção e a ordem em que cada um deles trabalha?".

Com o sorriso extravagante que às vezes ilumina os poços sombrios dos seus olhos como o fogo fátuo, ele acrescentou: "Talvez você se lembre da história do sapo e da centopeia. A centopeia era muito orgulhosa de ter cem pernas. Seu vizinho, o sapo, era muito deprimido por ter apenas quatro. Um dia uma inspiração diabólica irrompeu no sapo, e ele escreveu a seguinte carta para a centopeia:

Honorável cavalheiro, poderia me dizer qual das suas cem pernas o senhor move primeiro quando locomove o seu tão distinto corpo de um lugar a outro, e em que ordem o senhor move as outras noventa e nove pernas?

"Quando a centopeia recebeu a carta, começou a pensar. Tentou a primeira perna, depois a outra. E finalmente descobriu, para sua consternação, que se tornara incapaz de mover uma única perna. Não podia mais nem sequer andar! Estava paralisada! É possível que a psicanálise possa paralisar nosso processo mental ou emocional de uma maneira similar."

"Então você se opõe ao Freud?"

"De modo algum. Eu não estou preparado para aceitar todas as conclusões dele, mas considero o seu trabalho uma contribuição de valor imensurável para a ciência do comportamento humano. Eu o acho ainda maior como escritor do que como psicólogo. O brilhantismo do estilo de Freud não é ultrapassado por ninguém desde Schopenhauer."

Mais uma pausa, preenchida com mais salada de frutas e suco de morango.

"Existe algo que possa ser tomado como progresso na história do esforço humano?" – Eu prossegui.

"O único progresso que eu posso ver é o progresso na organização. O ser humano comum não vive o suficiente para vislumbrar qualquer benefício substancial advindo de sua própria experiência. E ninguém, pelo que parece, pode se beneficiar da experiência dos outros. Sendo pai e professor, eu sei que não podemos ensinar nada a nossas crianças. Não podemos transmitir a elas o nosso conhecimento da vida, nem o conhecimento matemático. Cada um tem que aprender a sua lição de uma maneira nova."

"Porém", eu interrompi, "a natureza cristaliza nossas experiências. As experiências de uma geração são os instintos da geração seguinte."

"Ah", Einstein observou, "é verdade, mas a natureza leva 10 mil ou 10 milhões de anos para transmitir hereditariamente experiências ou características. As abelhas e as formigas devem ter levado eras antes de aprender a se adaptar tão maravilhosamente. Os seres humanos, infelizmente, parecem aprender com mais lentidão do que os insetos".

"Você acha que a humanidade, eventualmente, evoluirá para o super-homem?"

"Se isso acontecer, será algo da ordem de milhões de anos", Einstein respondeu.

"Você não concorda com a irmã do Nietzsche, que Mussolini é o super-homem profetizado pelo irmão dela?"

Novamente um sorriso iluminou as feições de Einstein, mas dessa vez não de forma tão jovial como antes. Pacifista e internacionalista, Einstein é a perfeita antítese do ditador.

Apesar de negar filosoficamente a liberdade de nossas vontades, Einstein se ressente de qualquer tentativa de circunscrever ainda mais a já limitada esfera em que a vontade humana pode exercer a ilusão de liberdade.

"Se nós devemos tão pouco às experiências dos outros, como você dá conta dos avanços repentinos na esfera científica? Você atribui suas próprias descobertas à intuição ou à inspiração?"

O sarampo da humanidade

"Eu acredito em intuição e em inspiração. Às vezes sinto que estou certo. Eu não sei se estou. Quando duas expedições de cientistas, financiadas pela Royal Academy, foram testar a minha teoria da relatividade, eu estava convicto de que as conclusões deles calhariam com a minha hipótese. Eu não fiquei surpreso quando o eclipse de 29 maio de 1919 confirmou as minhas intuições. Eu teria ficado surpreso se eu estivesse errado."

"Então você confia mais na sua imaginação do que no seu conhecimento?"

"Eu tenho o tanto de artista que é necessário para desenhar livremente com a minha imaginação. A imaginação é mais importante que o conhecimento. O conhecimento é limitado. A imaginação abrange o mundo inteiro."

"Em que medida você é influenciado pelo cristianismo?"

"Quando criança, eu recebi ensinamentos tanto da Bíblia quanto do Talmude. Eu sou judeu, mas sou cativado pela figura luminosa do Nazareno."

"Você leu o livro de Emil Ludwig sobre Jesus?"

"O Jesus de Emil Ludwig", Einstein respondeu, "é superficial. Jesus é muito colossal para escrita de um fraseador, apesar de bom artífice. Ninguém consegue destituir o cristianismo com jogo de palavras".

"Você aceita a existência histórica de Jesus?"

"Inquestionavelmente. Não há ninguém que possa ler o Evangelho sem sentir a real presença de Jesus. Sua personalidade pulsa em cada palavra. Nenhum mito é dotado de tanta vida. Bem diferente é a impressão que temos, por exemplo, de diversos heróis lendários da Antiguidade, como Teseu. A ele e a outros heróis do tipo falta a vitalidade autêntica de Jesus."

"Ludwig Lewisohn, em seu livro recente, afirma que muitos dos provérbios de Jesus parafraseiam os de outros profetas."

Ao que Einstein replicou: "Não há quem possa negar o fato de Jesus ter existido ou de que seus provérbios são belos. Mesmo que alguns deles já tivessem sido proferidos anteriormente, ninguém os expressou tão divinamente".

"Gilbert Chesterton me disse que, de acordo com um escritor católico na Dublin Review, a sua teoria da relatividade apenas confirma a cosmologia de Tomás de Aquino."

"Eu não li todos os escritos de Tomás de Aquino", Einstein respondeu, "mas eu ficaria satisfeitíssimo se eu tivesse alcançado as mesmas conclusões da mente tão abrangente desse grande erudito católico", respondeu ele.

"Você se vê como alemão ou como judeu?"

"É muito possível ser os dois", disse Einstein. "Eu me vejo como um humano. O nacionalismo é uma doença infantil. É o sarampo da humanidade."

O perigo da padronização

Eu perguntei a ele: "como então você justifica o nacionalismo judaico?"

"Eu apoio o sionismo", o professor respondeu, "apesar do fato de ser um experimento nacional, pois dá a nós, judeus, um interesse comum. Esse nacionalismo não é uma ameaça aos outros povos. O Sion é muito pequeno para desenvolver projetos imperialistas".

"Então você não acredita em assimilação?"

"Nós, judeus, sempre fomos muito adaptáveis. Somos muito ávidos a sacrificar nossas idiossincrasias em benefício da conformidade social."

"Talvez a assimilação traga mais felicidade."

"Eu não penso que seja assim", Einstein respondeu. "Mesmo nas civilizações modernas o judeu é mais feliz se permanecer judeu."

"Você acredita que a raça possa ser um substituto do nacionalismo?"

"A raça, ao menos, constitui uma unidade maior. Todavia, eu não acredito em raça dessa maneira. Raça é uma fraude. Todas as pessoas modernamente são um conglomerado de muitas etnias misturadas, de tal forma que não resta uma raça pura."

"Você olha para a religião como um laço que une os filhos de Israel?", mencionei.

Einstein respondeu pensativamente: "eu não acho que a religião seja o elemento mais importante. Nós somos unidos mais por um corpo de tradições, passadas de pai para filho, do qual a criança bebe junto ao leite materno. A atmosfera da nossa infância predetermina nossas idiossincrasias e predileções. Quando eu conheci você, eu soube que eu poderia conversar livremente, sem as inibições que tornam tão difícil o contato com os outros. Eu olhei para você não como um alemão ou um americano, mas sim como um judeu".

"Eu escrevi a autobiografia do judeu andarilho com Paul Eldridg", contei. "No entanto, isso só aconteceu pois não sou judeu. Meus pais e meus ancestrais diretos são nórdicos da Alemanha protestante."

"É impossível", observou o professor Einstein, "para qualquer indivíduo traçar de onde vem cada gota de sangue de sua constituição. Os ancestrais se multiplicam como as famosas sementes de milho sobre o tabuleiro de xadrez que embaraçou o sultão. Depois de voltarmos algumas gerações, nossos ancestrais aumentam tão prodigiosamente que fica praticamente impossível determinar exatamente os vários elementos que constituem o nosso ser. Você tem a adaptabilidade física de um judeu. Há algo no seu psicológico que torna possível eu conversar com você sem qualquer barreira".

"Por que a rapidez mental seria uma característica apenas dos judeus? Essa não é uma característica possuída também pelos irlandeses e pelos americanos em grande extensão?"

"Os americanos, sem dúvida, devem muito ao caldeirão cultural. É possível que essa mistura de raças faça o nacionalismo deles menos censurável do que o da Europa. Nos Estados Unidos, o nacionalismo não assume formas tão desagradáveis quanto as que ocorrem na Europa. Talvez isso se deva parcialmente ao fato de que o seu país é tão grande que vocês não pensem em termos de fronteiras estreitas. Talvez isso se deva ao fato de que vocês não sofrem de herança de ódio ou do medo que envenena as relações entre as nações da Europa.

"Mas, retornando à questão dos judeus, outros grupos e nações cultivam suas tradições individuais. Não há razão para sacrificarmos as nossas. A padronização tira o tempero da vida. Privar todo grupo étnico de suas tradições especiais é converter o mundo em uma imensa planta fabril fordista. Eu acredito em padronização para automóveis, mas não para seres humanos. A padronização é um grande perigo que ameaça a cultura americana."

"Você, então, considera Ford uma ameaça?"

"Indubitavelmente Ford é um homem de gênio. Homem algum pode criar o que ele criou sem que a força da vida o tenha dotado de dons conspícuos. Todavia, eu às vezes tenho pena de homens como o Ford. Todos que vão até eles querem algo. Tais homens nem sempre percebem que a adoração que as pessoas lhes dedicam não é um tributo à personalidade deles, mas sim ao poder e à carteira deles. Grandes capitães da indústria e grandes reis caem nesse mesmo erro. Uma parede invisível bloqueia a visão deles."

"Eu sou feliz porque não quero nada de ninguém. Eu não ligo para dinheiro. Condecorações, títulos de distinção nada significam para mim. Não anseio por elogios. A única coisa que me dá prazer – tirando meu trabalho, meu violino e meu veleiro – é a apreciação dos meus colegas de trabalho."

Sua modéstia lhe dá crédito.

"Não", Einstein respondeu fazendo um movimento ríspido com suas costas "eu não peço crédito de nada. Tudo é determinado, tanto o começo quanto o fim, por forças que não podemos controlar. Isso é determinado tanto para os insetos quanto para as estrelas. Seres humanos, vegetais ou poeira cósmica, todos nós dançamos uma música misteriosa, entoada à distância por um músico invisível".

A senhora Einstein em guarda

Einstein se levantou e pediu licença. Era quase meia-noite. Estávamos conversando por quase três horas.

"Meu marido", observou a senhora Einstein, "precisa cumprir um trabalho importante, mas não há motivo para você ir embora. Você fica e conversa comigo?".

E conversamos muito.

Um pouco depois eu avistei a figura de Einstein, enrolado num roupão de banho, a caminho de sua ablução diária.

Ele sorriu para mim com o mesmo sorriso divertido que havia me cativado no começo. É algo notável ter visto o sábio em seu roupão. O toque de humanidade comum de modo algum diminui a sua dignidade.

Os olhos da senhora Einstein seguiram o marido com adoração enquanto ele sumia, e novamente quando ele reaparecia, voltando do seu banho. Ela se ajustou ao marido com um tato raro entre esposas de grandes homens.

Quando ele sobe para o sótão, ela não se agarra à barra do casaco dele. Quando ele deseja ficar sozinho, ela elimina sua própria presença da vida dele. Ela dispersa contatos desarmoniosos e protege a serenidade da mente do marido com a devoção de uma vestal virgem que guarda o fogo sagrado. É bem possível que com uma companheira que não se sacrificasse tanto, Einstein não tivesse feito as descobertas que ligaram seu nome ao nome dos imortais. Portanto o amor, que move o Sol e todas as estrelas, sustenta em seu caminho solitário o gênio de Albert Einstein.

Correspondência entre Albert Einstein e Sigmund Freud (1932)

Carta de Einstein para Freud (Potsdam, 30 de julho de 1932)

Prezado Professor Freud,

A proposta da Liga das Nações e de seu Instituto Internacional para a Cooperação Intelectual, em Paris, de que eu convidasse uma pessoa, de minha própria escolha, para um franco intercâmbio de pontos de vista sobre algum problema que eu poderia escolher, oferece-me excelente oportunidade de conferenciar com o senhor a respeito de uma questão que, da maneira como as coisas estão, parece ser o mais urgente de todos os problemas que a civilização tem de enfrentar.

Este é o problema: existe alguma forma de livrar a humanidade da ameaça de guerra? É do conhecimento geral que, com o progresso da ciência de nossos dias, esse tema adquiriu significado de assunto de vida ou morte para a civilização, tal como a conhecemos; não obstante, apesar de todo o empenho demonstrado, todas as tentativas de solucioná-lo terminaram em lamentável fracasso.

Ademais, acredito que aqueles cuja atribuição é atacar o problema de forma profissional e prática, estão apenas adquirindo crescente consciência de sua impotência para abordá-lo, e agora possuem um vivo desejo de conhecer os pontos de vista de homens que, absorvidos pela busca da ciência, podem mirar os problemas do mundo sob a perspectiva que a distância permite.

Quanto a mim, o objetivo habitual de meu pensamento não me permite uma compreensão interna das obscuras regiões da vontade e do sentimento humano. Assim, na indagação ora proposta, posso fazer pouco mais do que procurar esclarecer a questão em referência e, preparando o terreno das soluções mais óbvias, possibilitar que o senhor proporcione a elucidação do problema mediante o auxílio do seu profundo conhecimento da vida instintiva do homem.

Existem determinados obstáculos psicológicos cuja existência um leigo em ciências mentais pode obscuramente entrever, cujas inter-relações e filigranas ele, contudo, é incompetente para compreender; estou convencido de que o senhor será capaz de sugerir métodos educacionais situados mais ou menos fora dos objetivos da política, os quais eliminarão esses obstáculos.

Como pessoa isenta de preconceitos nacionalistas, pessoalmente vejo uma forma simples de abordar o aspecto superficial (isto é, administrativo) do problema: a instituição, por meio de acordo internacional, de um organismo legislativo e judiciário para arbitrar todo conflito que surja entre nações. Cada nação submeter-se-ia à obediência às ordens emanadas desse organismo legislativo, a recorrer às suas decisões em todos os litígios, a aceitar irrestritamente suas decisões e a pôr em prática todas as medidas que o tribunal considerasse necessárias para a execução de seus decretos.

Já de início, todavia, defronto-me com uma dificuldade: um tribunal é uma instituição humana que, em relação ao poder de que dispõe, é inadequada para fazer cumprir seus veredictos, está muito sujeito a ver suas decisões anuladas por pressões extrajudiciais. Este é um fato com que temos de contar; a lei e o poder inevitavelmente andam de mãos dadas, e as decisões jurídicas se aproximam mais da justiça ideal exigida pela comunidade (em cujo nome e em cujos interesses esses veredictos são pronunciados), na medida em que a comunidade tem efetivamente o poder de impor o respeito ao seu ideal jurídico.

Atualmente, porém, estamos distantes de possuir qualquer organização supranacional competente para emitir julgamentos de autoridade incontestável e garantir absoluto acatamento à execução de seus veredictos. Assim, sou levado ao meu primeiro princípio; a busca da segurança internacional envolve a renúncia incondicional, por todas as nações, em determinada medida, à sua liberdade de ação, ou seja, à sua soberania, e é absolutamente evidente que nenhum outro caminho pode conduzir a essa segurança.

O insucesso, malgrado sua evidente sinceridade, de todos os esforços, durante a última década, no sentido de alcançar essa meta, não deixa lugar à dúvida de que estão em jogo fatores psicológicos de peso que paralisam tais esforços. Alguns desses fatores são mais fáceis de detectar. O intenso desejo de poder, que caracteriza a classe governante em cada nação, é hostil a qualquer limitação de sua soberania nacional. Essa fome de poder político está acostumada a medrar nas atividades, de um outro grupo, cujas aspirações são de caráter econômico, puramente mercenário. Refiro-me especialmente a esse grupo reduzido, porém decidido, existente em cada nação, composto de indivíduos que, indiferentes às condições e aos controles sociais, consideram a guerra, a fabricação e a venda de armas simplesmente como uma oportunidade de expandir seus interesses pessoais e ampliar a sua autoridade pessoal.

O reconhecimento desse fato, no entanto, é simplesmente o primeiro passo para uma avaliação da situação atual.

Logo surge uma outra questão: como é possível a essa pequena súcia dobrar a vontade da maioria, que se resigna a perder e a sofrer com uma situação de guerra, a serviço da ambição de poucos? (Ao falar em maioria, não excluo os soldados, de todas as graduações, que escolheram a guerra como profissão, na crença de que estejam servindo à defesa dos mais altos interesses de sua raça e de que o ataque seja, muitas vezes, o melhor meio de defesa.)

Parece que uma resposta óbvia a essa pergunta seria que a minoria, a classe dominante atual, tem as escolas, a imprensa e, geralmente, também a Igreja, sob seu poderio. Isto possibilita organizar e dominar as emoções das massas e torná-las instrumento desta minoria.

Ainda assim, nem sequer essa resposta proporciona uma solução completa. Daí surge uma nova questão: como esses mecanismos conseguem tão bem despertar nos homens um entusiasmo extremado, a ponto de estes sacrificarem suas vidas? Pode haver apenas uma resposta. É porque o homem encerra dentro de si um desejo de ódio e destruição.

Em tempos normais, essa paixão existe em estado latente, emerge apenas em circunstâncias anormais: é, contudo, relativamente fácil despertá-la e elevá-la à potência de psicose coletiva. Talvez aí esteja o ponto crucial de todo o complexo de fatores que estamos considerando, um enigma que só um especialista na ciência dos instintos humanos pode resolver.

Com isso, chegamos à nossa última questão. É possível controlar a evolução da mente do homem, de modo a torná-lo à prova das psicoses do ódio e da destrutividade? Aqui não estou me referindo tão somente às chamadas massas incultas. A experiência prova que é, antes de todas, a chamada *intelligentsia* a mais inclinada a ceder a essas desastrosas sugestões coletivas, de vez que o intelectual não tem contato direto com o lado rude da vida, mas a encontra em sua forma sintética mais fácil na página impressa.

Para concluir: até aqui somente falei das guerras entre nações, aquelas que se conhecem como conflitos internacionais. Estou, porém, bem consciente de que o instinto agressivo opera sob outras formas e em outras circunstâncias. (Penso nas guerras civis, por exemplo, devidas à intolerância religiosa, em tempos precedentes, hoje em dia, contudo, devidas a fatores sociais; ademais, também nas perseguições a minorias raciais.)

Foi deliberada a minha insistência naquilo que é a mais típica, mais cruel e extravagante forma de conflito entre os homens, pois aqui temos a melhor ocasião de descobrir maneiras e meios de tornar impossível qualquer conflito armado.

Sei que nos escritos do senhor podemos encontrar respostas, explícitas ou implícitas, a todos os aspectos desse problema urgente e obsessivo. Mas seria da maior utilidade para nós todos que o senhor apresentasse o problema da paz mundial sob o enfoque das suas mais recentes descobertas, pois uma tal apresentação bem poderia demarcar o caminho para novos e frutíferos métodos de ação.

Muito cordialmente,

Albert Einstein

Resposta de Sigmund Freud a Albert Einstein (Viena, setembro de 1932)

Prezado Professor Einstein,

Quando soube que o senhor pretendia me convidar para um intercâmbio de pontos de vista sobre um assunto que lhe interessava e que parecia merecer o interesse de outros além do senhor, aceitei prontamente. Esperava que o senhor escolhesse um problema situado nas fronteiras daquilo que é atualmente cognoscível, um problema em relação ao qual cada um de nós, físico e psicólogo, pudesse ter o seu ângulo de abordagem especial, e no qual pudéssemos nos encontrar, sobre o mesmo terreno, embora partindo de direções diferentes.

O senhor me apanhou de surpresa, no entanto, ao perguntar o que pode ser feito para proteger a humanidade da maldição da guerra. Inicialmente me assustei com o pensamento de minha – quase escrevi "nossa" – incapacidade de lidar com o que parecia ser um problema prático, um assunto para estadistas. Depois, no entanto, percebi que o senhor havia proposto a questão não na condição de cientista da natureza e físico, mas como filantropo: o senhor estava seguindo a sugestão da Liga das Nações, assim como Fridtjof Nansen, o explorador polar, assumiu a tarefa de auxiliar as vítimas famintas e sem teto da guerra mundial.

Além do mais, considerei que não me pediam para propor medidas práticas, mas sim apenas que eu delimitasse o problema para evitar a guerra tal como ele se configura aos olhos de um cientista da psicologia. Também nesse ponto, o senhor disse quase tudo o que há a dizer sobre o assunto. Embora o senhor se tenha antecipado a mim, ficarei satisfeito em seguir no seu rastro e vou me contentar com confirmar tudo o que o senhor disse, ampliando-o com o melhor do meu conhecimento ou das minhas conjeturas.

O senhor começou com a relação entre o direito e o poder. Não se pode duvidar de que seja este o ponto de partida correto de nossa investigação. Mas, permita-me substituir a palavra poder pela palavra, mais nua e crua, de *violência*?

Atualmente, direito e violência se nos afiguram como antíteses. No entanto, é fácil mostrar que uma se desenvolveu da outra, e, se nos reportarmos às origens primeiras e examinarmos como essas coisas se passaram, resolve-se o problema facilmente. Perdoe-me se, nessas considerações que se seguem, eu trilhar chão familiar e comumente aceito, como se isto fosse novidade. O fio de minhas argumentações o exige.

É, pois, um princípio geral que os conflitos de interesses entre os homens são resolvidos pelo uso da violência. É isto o que se passa em todo o reino animal, do qual o homem não tem motivo para se excluir. No caso do homem, sem dúvida ocorrem também conflitos de opinião que podem chegar a atingir as mais raras nuances da abstração e que parecem exigir alguma outra técnica para sua solução. Esta é, contudo, uma complicação a mais.

No início, numa pequena horda humana, era a superioridade da força muscular que decidia quem tinha a posse das coisas ou quem fazia prevalecer sua vontade. A força muscular logo foi suplementada e substituída pelo uso de instrumentos: o vencedor era aquele que tinha as melhores armas ou aquele que tinha a maior habilidade no seu manejo.

A partir do momento em que as armas foram introduzidas, a superioridade intelectual já começou a substituir a força muscular bruta; mas o objetivo final da luta permanecia o mesmo – uma ou outra facção tinha de ser compelida a abandonar suas pretensões ou suas objeções, por causa do dano que lhe havia sido infligido pelo desmantelamento de sua força.

Conseguia-se esse objetivo de modo mais completo se a violência do vencedor eliminasse para sempre o adversário, ou seja, se o matasse. Isto tinha duas vantagens: o vencido não podia restabelecer sua oposição e o seu destino dissuadiria outros de seguirem seu exemplo. Além disso, matar um inimigo satisfazia uma inclinação do instinto, que mencionarei posteriormente.

À intenção de matar iria se opor à reflexão de que o inimigo podia ser utilizado na realização de serviços úteis, se fosse deixado vivo e num estado de intimidação. Nesse caso, a violência do vencedor contentava-se com subjugar, em vez de matar, o vencido. Foi este o início da ideia de poupar a vida de um inimigo, mas a partir daí o vencedor teve de contar com a oculta sede de vingança do adversário vencido e sacrificou uma parte de sua própria segurança.

Esta foi, por conseguinte, a situação inicial dos fatos: a dominação por parte de qualquer um que tivesse poder maior – a dominação pela violência bruta ou pela violência apoiada no intelecto. Como sabemos, esse regime foi modificado no transcurso da evolução. Havia um caminho que se estendia da violência ao direito ou à lei.

Que caminho era esse? Penso ter sido apenas um: o caminho que levava ao reconhecimento do fato de que, à força superior de um único indivíduo, podia-se contrapor a união de diversos indivíduos fracos: a união faz a força. A violência podia ser derrotada pela união, e o poder daqueles que se uniam representa, agora, a lei, em contraposição à violência do indivíduo só. Vemos, assim, que a lei é a força de uma comunidade.

Todavia, ela é ainda violência, pronta a se voltar contra qualquer indivíduo que se lhe oponha. Ela funciona pelos mesmos métodos e persegue os mesmos objetivos. A única diferença real reside no fato de que aquilo que prevalece não é mais a violência de um indivíduo, mas a violência da comunidade.

A fim de que a transição da violência a esse novo direito ou justiça pudesse ser efetuada, contudo, uma condição psicológica teve de ser preenchida. A união da maioria devia ser estável e duradoura. Se apenas fosse posta em prática com o propósito de combater um indivíduo isolado e dominante, e fosse dissolvida depois da derrota deste, nada se teria realizado.

A pessoa, a seguir, que se julgasse superior em força, haveria de mais uma vez tentar estabelecer o domínio através da violência, e o jogo se repetiria *ad infinitum*. A comunidade deve manter-se permanentemente, deve organizar-se, deve estabelecer regulamentos para antecipar-se ao risco de rebelião e deve instituir autoridades para fazer com que esses regulamentos – as leis – sejam respeitadas, e para superintender a execução dos atos legais de violência.

O reconhecimento de uma entidade de interesses como estes levou ao surgimento de vínculos emocionais entre os membros de um grupo de pessoas unidas – sentimentos comuns, que são a verdadeira fonte de sua força. Acredito que, com isso, já tenhamos todos os elementos essenciais: a violência suplantada pela transferência do poder à uma unidade maior, que se mantém unida por laços emocionais entre os seus membros. O que resta dizer não é senão uma ampliação e uma repetição desse fato.

A situação é simples, enquanto a comunidade consiste em apenas poucos indivíduos igualmente fortes. As leis de uma tal associação vão determinar o grau em que, se a segurança da vida comunal deve ser garantida, cada indivíduo deve abrir mão de sua liberdade pessoal de utilizar a sua força para fins violentos.

Um estado de equilíbrio dessa espécie, porém, só é concebível teoricamente. Na realidade, a situação se complica pelo fato de que, desde os seus primórdios, a comunidade abrange elementos de força desigual – homens e mulheres, pais e filhos –, e logo, como consequência da guerra e da conquista, também passa a incluir vencedores e vencidos, que se transformam em senhores e escravos.

A justiça da comunidade então passa a exprimir graus desiguais de poder nela vigentes. As leis são feitas por e para os membros governantes e deixa pouco espaço para os direitos daqueles que se encontram em estado de sujeição.

Dessa época em diante, existem na comunidade dois fatores em atividade que são fonte de inquietação relativamente a assuntos da lei, mas que tendem, ao mesmo tempo, a um maior crescimento da lei.

Primeiramente, são feitas, por certos detentores do poder, tentativas, no sentido de se colocarem acima das proibições que se aplicam a todos – isto é, procuram escapar do domínio pela lei para o domínio pela violência.

Em segundo lugar, os membros oprimidos do grupo fazem constantes esforços para obter mais poder e ver reconhecidas na lei algumas modificações efetuadas nesse sentido – isto é, fazem pressão para passar da justiça desigual para a justiça igual para todos. Essa segunda tendência se torna especialmente importante se uma mudança real de poder ocorre dentro da comunidade, como pode ocorrer em consequência de diversos fatores históricos. Nesse caso, o direito pode gradualmente se adaptar à nova distribuição do poder; ou, como sucede com maior frequência, a classe dominante se recusa a admitir a mudança, e a rebelião e a guerra civil se seguem, com uma suspensão temporária da lei e com novas tentativas de solução mediante a violência, terminando pelo estabelecimento de um novo sistema de leis.

Ainda há uma terceira fonte da qual podem surgir modificações da lei, e que invariavelmente se exprime por meios pacíficos: consiste na transformação cultural dos membros da comunidade. Isso, porém, faz parte propriamente de uma outra correlação e deve ser considerado posteriormente.

Vemos, pois, que a solução violenta de conflitos de interesses não é evitada sequer dentro de uma comunidade. As necessidades cotidianas e os interesses comuns, inevitáveis ali onde pessoas vivem juntas num lugar, tendem, contudo, a proporcionar a essas lutas uma conclusão rápida, e, sob tais condições, existe uma crescente probabilidade de se encontrar uma solução pacífica. Outros sim, um rápido olhar pela história da raça humana revela uma série infindável de conflitos entre uma comunidade e outra, ou diversas outras, entre unidades maiores e menores – entre cidades, províncias, raças, nações, impérios –, que quase sempre se formaram pela força das armas. Guerras dessa espécie terminam, ou pelo saque, ou pelo completo aniquilamento e conquista de uma das partes.

É impossível estabelecer qualquer julgamento geral das guerras de conquista. Algumas, como as empreendidas pelos mongóis e pelos turcos, não trouxeram senão malefícios. Outras, pelo contrário, contribuíram para a transformação da violência em lei, ao estabelecerem unidades maiores, dentre as quais o uso da violência se tornou impossível e nas quais um novo sistema de leis solucionou os conflitos. Desse modo, as conquistas dos romanos deram aos países próximos ao Mediterrâneo a inestimável *pax* romana, e a ambição dos reis franceses de ampliar os seus domínios criou uma França pacificamente unida e florescente.

Por paradoxal que possa parecer, deve-se admitir que a guerra poderia ser um meio nada inadequado de estabelecer o reino ansiosamente desejado de paz perene, pois está em condições de criar as grandes unidades dentro das quais um poderoso governo central torna impossíveis outras guerras. Contudo, ela falha quanto a esse propósito, pois os resultados da conquista são geralmente de curta duração: as unidades recentemente criadas esfacelam-se novamente, no mais das vezes devido a uma falta de coesão entre as partes que foram unidas pela violência.

Ademais, até hoje as unificações criadas pela conquista, embora de extensão considerável, foram apenas parciais, e os conflitos entre elas ensejaram, mais do que nunca, soluções violentas. O resultado de todos esses esforços bélicos consistiu, assim, apenas em a raça humana haver trocado as numerosas e realmente infindáveis guerras menores por guerras em grande escala, que são raras, contudo, muito mais destrutivas.

Se nos voltamos para os nossos próprios tempos, chegamos à mesma conclusão a que o senhor chegou por um caminho mais curto. As guerras somente serão evitadas com certeza, se a humanidade se unir para estabelecer uma autoridade central a que será conferido o direito de arbitrar todos os conflitos de interesses. Nisto estão envolvidos claramente dois requisitos distintos: criar uma instância suprema e dotá-la do necessário poder. Uma sem a outra seria inútil. A Liga das Nações é destinada a ser uma instância dessa espécie, mas a segunda condição não foi preenchida: a Liga das Nações não tem poder próprio, e só pode adquiri-lo se os membros da nova união, os diferentes Estados, se dispuserem a cedê-lo. E, no momento, parecem escassas as perspectivas nesse sentido.

A instituição da Liga das Nações seria totalmente ininteligível se fosse ignorado o fato de que houve uma tentativa corajosa, como raramente (talvez jamais em tal escala) se fez antes. Ela é uma tentativa de fundamentar a autoridade sobre um apelo a determinadas atitudes idealistas da mente (isto é, a influência coercitiva), que de outro modo se baseia na posse da força. Já vimos que uma comunidade se mantém unida por duas coisas: a força coercitiva da violência e os vínculos emocionais (identificações é o nome técnico) entre seus membros. Se estiver ausente um dos fatores, é possível que a comunidade se mantenha ainda pelo outro fator.

As ideias a que se faz o apelo só podem, naturalmente, ter importância se exprimirem afinidades importantes entre os membros, e se pode perguntar quanta força essas ideias podem exercer. A história nos ensina que, em certa medida, elas foram eficazes. Por exemplo, a ideia do pan-helenismo, o sentido de ser superior aos bárbaros de além-fronteiras – ideia que foi expressa com tanto vigor no conselho anfictiônico, nos oráculos e nos jogos –, foi forte a ponto de mitigar os costumes guerreiros entre os gregos, embora, é claro, não suficientemente forte para evitar dissensões bélicas entre as diferentes partes da nação grega, ou mesmo para impedir uma cidade ou confederação de cidades de se aliar com o inimigo persa, a fim de obter vantagem contra algum rival.

A identidade de sentimentos entre os cristãos, embora fosse poderosa, não conseguiu, à época do Renascimento, impedir os Estados cristãos, tanto os grandes como os pequenos, de buscar o auxílio do sultão em suas guerras de uns contra os outros. E atualmente não existe ideia alguma que, espera-se, venha a exercer uma autoridade unificadora dessa espécie. Na realidade, é por demais evidente que os ideais nacionais, pelos quais as nações se regem nos dias de hoje, atuam em sentido oposto.

Algumas pessoas tendem a profetizar que não será possível pôr um fim à guerra, enquanto a forma comunista de pensar não tenha encontrado aceitação universal. Mas esse objetivo, em todo caso, está muito remoto, atualmente, e talvez só possa ser alcançado após as mais terríveis guerras civis. Assim sendo, presentemente, parece estar condenada ao fracasso a tentativa de substituir a força real pela força das ideias. Faremos um cálculo errado se desprezarmos o fato de que a lei, originalmente, era força bruta e que, mesmo hoje, não pode prescindir do apoio da violência.

Passo agora a acrescentar algumas observações aos seus comentários. O senhor expressa surpresa ante o fato de ser tão fácil inflamar nos homens o entusiasmo pela guerra, e insere a suspeita de que neles exige em atividade alguma coisa – um instinto de ódio e de destruição – que coopera com os esforços dos mercadores da guerra. Também nisto apenas posso exprimir meu inteiro acordo. Acreditamos na existência de um instinto dessa natureza, e durante os últimos anos nos temos ocupado, realmente, em estudar suas manifestações.

Permita-me que me sirva dessa oportunidade para apresentar-lhe uma parte da teoria dos instintos que, depois de muitas tentativas hesitantes e muitas vacilações de opinião, foi formulada pelos que trabalham na área da psicanálise?

De acordo com nossa hipótese, os instintos humanos são de apenas dois tipos: aqueles que tendem a preservar e a unir – que denominamos "eróticos", exatamente no mesmo sentido em que Platão usa a palavra "Eros" em seu *Symposium* [*O banquete*], ou "sexuais", com uma deliberada ampliação da concepção popular de sexualidade –; e aqueles que tendem a destruir e matar, os quais agrupamos como instinto agressivo ou destrutivo.

Como o senhor vê, isto não é senão uma formulação teórica da universalmente conhecida oposição entre amor e ódio, que talvez possa ter alguma relação básica com a polaridade entre atração e repulsão, que desempenha um papel na sua área de conhecimentos. Entretanto, não devemos ser demasiado apressados em introduzir juízos éticos de bem e de mal.

Nenhum desses dois instintos é menos essencial do que o outro; os fenômenos da vida surgem da ação confluente ou mutuamente contrária de ambos. Ora, é como se um instinto de um tipo dificilmente pudesse operar isolado; está sempre acompanhado – ou, como dizemos, amalgamado – por determinada quantidade do outro lado, que modifica o seu objetivo, ou, em determinados casos, possibilita a consecução desse objetivo. Assim, por exemplo, o instinto de autopreservação certamente é de natureza erótica; não obstante, deve ter à sua disposição a agressividade, para atingir seu propósito.

Dessa forma, também o instinto de amor, quando dirigido a um objeto, necessita de alguma contribuição do instinto de domínio, para que obtenha a posse desse objeto. A dificuldade de isolar as duas espécies de instinto em suas manifestações reais é, na verdade, o que até agora nos impedia de reconhecê-los.

Se o senhor quiser acompanhar-me um pouco mais, verá que as ações humanas estão sujeitas a uma outra complicação de natureza diferente. Muito raramente uma ação é obra de um impulso instintivo único (que deve estar composto de Eros e destrutividade). A fim de tornar possível uma ação, há de existir, via de regra, uma combinação desses motivos compostos. Isto, há muito tempo, foi percebido por um especialista na sua matéria, o professor G. C. Lichtenberg, que ensinava física em Göttingen, durante o nosso classicismo, embora, talvez, ele fosse ainda mais notável como psicólogo do que como físico. Ele inventou uma "bússola de motivos", pois escreveu: "Os motivos que nos levam a fazer algo poderiam ser dispostos à maneira da rosa dos ventos e receber nomes de uma forma parecida: por exemplo, 'pão-pão-fama' ou 'fama-fama-pão'." De forma que, quando os seres humanos são incitados à guerra, podem ter toda uma gama de motivos para se deixarem levar – uns nobres, outros vis, alguns francamente declarados, outros jamais mencionados. Não há por que enumerá-los todos. Entre eles está certamente o desejo da agressão e destruição: as incontáveis crueldades que encontramos na história e em nossa vida de todos os dias atestam a sua existência e a sua força.

A satisfação desses impulsos destrutivos naturalmente é facilitada por sua mistura com outros motivos de natureza erótica e idealista. Quando lemos sobre as atrocidades do passado, amiúde é como se os motivos idealistas servissem apenas de desculpa para os desejos destrutivos; e, às vezes – por exemplo, no caso das crueldades da Inquisição – é como se os motivos idealistas tivessem assomado a um primeiro plano na consciência, enquanto os destrutivos lhes emprestassem um reforço inconsciente. Ambos podem ser verdadeiros.

Receio que eu possa estar abusando do seu interesse, que, afinal, se volta para a prevenção da guerra e não para nossas teorias. Gostaria, não obstante, de me deter um pouco mais em nosso instinto destrutivo, cuja popularidade não é de modo algum igual à sua importância. Como consequência de um pouco de especulação, pudemos supor que esse instinto está em atividade em toda criatura viva e procura levá-la ao aniquilamento, reduzir a vida à condição original de matéria inanimada.

Portanto, merece, com toda seriedade, ser denominado instinto de morte, ao passo que os instintos eróticos representam o esforço de viver. O instinto de morte torna-se instinto destrutivo quando, com o auxílio de órgãos especiais, é dirigido para fora, para objetos. O organismo preserva sua própria vida, por assim dizer, destruindo uma vida alheia. Uma parte do instinto de morte, contudo, continua atuante dentro do organismo, e temos procurado atribuir numerosos fenômenos normais e patológicos a essa internalização do instinto de destruição. Foi-nos até mesmo imputada a culpa pela heresia de atribuir a origem da consciência a esse desvio da agressividade para dentro.

O senhor perceberá que não é absolutamente irrelevante se esse processo vai longe demais: é positivamente insano. Por outro lado, se essas forças se voltam para a destruição no mundo externo, o organismo se aliviará, e o efeito deve ser benéfico. Isto serviria de justificação biológica para todos os impulsos condenáveis e perigosos contra os quais lutamos. Deve-se admitir que eles se situam mais perto da Natureza do que a nossa resistência, para a qual também é necessário encontrar uma explicação.

Talvez ao senhor possa parecer serem nossas teorias uma espécie de mitologia, e, no presente caso, mitologia nada agradável. Todas as ciências, porém, não chegam, afinal, a uma espécie de mitologia como esta? Não se pode dizer o mesmo, atualmente, a respeito da sua física? Para nosso propósito imediato, portanto, isto é tudo o que resulta daquilo que ficou dito: de nada vale tentar eliminar as inclinações agressivas dos homens.

Segundo se nos conta, em determinadas regiões privilegiadas da Terra, onde a natureza provê em abundância tudo o que é necessário ao homem, existem povos cuja vida transcorre em meio à tranquilidade, povos que não conhecem nem a coerção, nem a agressão. Dificilmente posso acreditar nisso, e me agradaria saber mais a respeito de coisas tão afortunadas. Também os bolchevistas esperam ser capazes de fazer a agressividade humana desaparecer mediante a garantia de satisfação de todas as necessidades materiais e o estabelecimento da igualdade, em outros aspectos, entre todos os membros da comunidade. Isso, na minha opinião, é uma ilusão. Eles próprios, hoje em dia, estão armados da maneira mais cautelosa, e o método não menos importante que empregam para manter juntos os seus adeptos é o ódio contra qualquer pessoa além das suas fronteiras.

Em todo caso, como o senhor mesmo observou, não há maneira de eliminar totalmente os impulsos agressivos do homem; pode-se tentar desviá-los num grau tal que não necessitem encontrar expressão na guerra.

Nossa teoria mitológica dos instintos nos facilita encontrar a fórmula para métodos indiretos de combater a guerra. Se o desejo de aderir à guerra é um efeito do instinto destrutivo, a recomendação mais evidente será contrapor-lhe o seu antagonista, Eros. Tudo o que favorece o estreitamento dos vínculos emocionais entre os homens deve atuar contra a guerra. Esses vínculos podem ser de dois tipos.

Em primeiro lugar, podem ser relações semelhantes àquelas relativas a um objeto amado, embora não tenham uma finalidade sexual. A psicanálise não tem motivo por que se envergonhar se nesse ponto fala de amor, pois a própria religião emprega as mesmas palavras: Ama a teu próximo como a ti mesmo. Isso, todavia, é mais facilmente dito do que praticado.

O segundo vínculo emocional é o que utiliza a identificação. Tudo o que leva os homens a compartilhar interesses importantes produz essa comunhão de sentimento, essas identificações. E a estrutura da sociedade humana se baseia nelas, em grande escala.

Uma queixa que o senhor formulou acerca do abuso de autoridade me leva a uma outra sugestão para o combate indireto à propensão à guerra. Um exemplo da desigualdade inata e irremovível dos homens é sua tendência a se classificarem em dois tipos, o dos líderes e o dos seguidores. Estes últimos constituem a vasta maioria; têm necessidade de uma autoridade que tome decisões por eles e à qual, na sua maioria, devotam uma submissão ilimitada. Isto sugere que se deva dar mais atenção, do que até hoje se tem dado, à educação da camada superior dos homens dotados de mentalidade independente, não suscetível de intimidação e desejosa de se manter fiel à verdade, cuja preocupação seja a de dirigir as massas dependentes.

É desnecessário dizer que as usurpações cometidas pelo poder executivo do Estado e a proibição estabelecida pela Igreja contra a liberdade de pensamento não são nada favoráveis à formação de uma classe desse tipo. A situação ideal, naturalmente, seria a comunidade humana que tivesse subordinado sua vida instintual ao domínio da razão. Nada mais poderia unir os homens de forma tão completa e firme, ainda que entre eles não houvesse vínculos emocionais. No entanto, com toda a probabilidade, isto é uma expectativa utópica. Não há dúvida de que os outros métodos indiretos de evitar a guerra são mais exequíveis, embora não prometam êxito imediato. Vale lembrar aquela imagem inquietante do moinho que mói tão devagar, que as pessoas podem morrer de fome antes de ele poder fornecer sua farinha.

O resultado, como o senhor vê, não é muito frutífero quando um teórico desinteressado é chamado a opinar sobre um problema prático urgente. É melhor a pessoa, em qualquer caso especial, se dedicar a enfrentar o perigo com todos os meios à mão.

Eu gostaria, porém, de discutir mais uma questão que o senhor não menciona em sua carta, a qual me interessa em especial. Por que o senhor, eu e tantas outras pessoas nos revoltamos tão violentamente contra a guerra? Por que não a aceitamos como mais uma das muitas calamidades da vida? Afinal, parece ser coisa muito natural, parece ter uma base biológica e ser dificilmente evitável na prática.

Não há motivo para se surpreender com o fato de eu levantar essa questão. Para o propósito de uma investigação como esta, deveríamos, talvez, permitir usar uma máscara de suposto alheamento. A resposta à minha pergunta será a de que reagimos à guerra dessa maneira, porque toda pessoa tem o direito à sua própria vida, porque a guerra põe um término a vidas plenas de esperanças, porque conduz os homens individualmente a situações humilhantes, porque os compele, contra a sua vontade, a matar outros homens e porque destrói objetos materiais preciosos, produzidos pelo trabalho da humanidade.

Outras razões mais poderiam ser apresentadas, como a de que, na sua forma atual, a guerra já não é mais uma oportunidade de atingir os velhos ideais de heroísmo, e a de que, devido ao aperfeiçoamento dos instrumentos de destruição, uma guerra futura poderia envolver o extermínio de um dos antagonistas ou, quem sabe, de ambos. Tudo isso é verdadeiro, e tão incontestavelmente verdadeiro que não se pode senão sentir perplexidade ante o fato de a guerra ainda não ter sido unanimemente repudiada.

Sem dúvida, é possível o debate em torno de alguns desses pontos. Pode-se indagar se uma comunidade não deveria ter o direito de dispor da vida dos indivíduos; nem toda guerra é passível de condenação em igual medida; de vez que existem países e nações que estão preparados para a destruição impiedosa de outros, esses outros devem ser armados para a guerra. Mas não me deterei em nenhum desses aspectos; não constituem aquilo que o senhor deseja examinar comigo, e tenho em mente algo diverso.

Penso que a principal razão por que nos rebelamos contra a guerra é que não podemos fazer outra coisa. Somos pacifistas porque somos obrigados a sê-lo, por motivos orgânicos, básicos. E sendo assim, temos dificuldade em encontrar argumentos que justifiquem nossa atitude.

Sem dúvida, isto exige alguma explicação. Creio que se trata do seguinte. Durante períodos de tempo incalculáveis, a humanidade tem passado por um processo de evolução cultural (sei que alguns preferem empregar o termo civilização). É a esse processo que devemos o melhor daquilo em que nos tornamos, bem como uma boa parte daquilo que padecemos.

Embora suas causas e seus começos sejam obscuros e incerto o seu resultado, algumas de suas características são de fácil percepção. Talvez esse processo esteja levando à extinção a raça humana, pois em mais de um sentido ele prejudica a função sexual; povos incultos e camadas atrasadas da população já se multiplicam mais rapidamente do que as camadas superiormente instruídas.

Talvez se possa comparar o processo à domesticação de determinadas espécies animais, e ele se acompanha, indubitavelmente, de modificações físicas; mas ainda não nos familiarizamos com a ideia de que a evolução da civilização é um processo orgânico dessa ordem. As modificações psíquicas que acompanham o processo de civilização são notórias e inequívocas. Consistem num progressivo deslocamento dos fins instintivos e numa limitação imposta aos impulsos instintivos. Sensações que para os nossos ancestrais eram agradáveis, tornaram-se indiferentes ou até mesmo intoleráveis para nós; há motivos orgânicos para as modificações em nossos ideais éticos e estéticos.

Dentre as características psicológicas da civilização, duas aparecem como as mais importantes: o fortalecimento do intelecto, que está começando a governar a vida do instinto, e a internalização dos impulsos agressivos com todas as suas consequentes vantagens e perigos. Ora, a guerra se constitui na mais óbvia oposição à atitude psíquica que nos foi incutida pelo processo de civilização, e por esse motivo não podemos evitar de nos rebelar contra ela; simplesmente não podemos mais nos conformar com ela. Isso não é apenas um repúdio intelectual e emocional. Nós, os pacifistas, temos uma intolerância constitucional à guerra, digamos, uma idiossincrasia exacerbada no mais alto grau.

Realmente, parece que o rebaixamento dos padrões estéticos na guerra desempenha um papel dificilmente menor em nossa revolta do que as suas crueldades.

E quanto tempo teremos de esperar até que o restante da humanidade também se torne pacifista? Não há como dizê-lo. Mas pode não ser utópico esperar que esses dois fatores, a atitude cultural e o justificado medo das consequências de uma guerra futura, venham a resultar, dentro de um tempo previsível, em que se ponha um término à ameaça de guerra.

Por quais caminhos ou por que atalhos isto se realizará, não podemos adivinhar. Mas uma coisa podemos dizer: tudo o que estimula o crescimento da civilização trabalha simultaneamente contra a guerra.

Espero que o senhor me perdoe se o que eu disse o desapontou, e com a expressão de toda estima, subscrevo-me.

Cordialmente,

Sigmund Freud

Carta ao *New York Times* (1948)

Novo Partido Palestino: a visita de Menachem Begin e a discussão dos objetivos do movimento político

Aos editores do *New York Times*

Entre os fenômenos políticos mais perturbadores do nosso tempo está a emergência, no recém-criado Estado de Israel, do Herut [תוּרֵח], o "Partido da Liberdade"[11], agremiação política fortemente aparentada, em sua organização, métodos, filosofia política e apelo social, a outras organizações políticas nazistas e fascistas. O partido se formou a partir de membros e seguidores da antiga Irgun [ןוגרא][12], na Palestina, uma organização terrorista, de direita e chauvinista.

---

[11] Tradução livre de "Freedom Party". (N.T.)

[12] *Irgun Zvai Leumi Eretz Israel* [Organização Nacional Militar na Terra de Israel] foi um grupo sionista paramilitar que operou na Palestina entre 1931 e 1948, considerado uma agremiação terrorista pela ONU, Grã-Bretanha e Estados Unidos.

A atual visita de Menachem Begin, seu líder, aos Estados Unidos, é obviamente calculada para dar a impressão de haver suporte estadunidense nas eleições israelenses que estão por vir e firmar laços políticos com elementos sionistas conservadores nos Estados Unidos. Muitos estadunidenses de prestígio emprestaram seus nomes para dar boas-vindas ao político. É inconcebível que aqueles que se opõem ao fascismo no mundo, se estiverem corretamente informados sobre o histórico e as perspectivas políticas do senhor Begin, possam associar seus nomes e dar apoio ao movimento que ele representa.

Antes que danos irreparáveis sejam feitos por meio de contribuições financeiras e manifestações públicas favoráveis a Begin, e que se crie na Palestina a impressão de que um grande setor nos Estados Unidos apoia elementos fascistas em Israel, o público estadunidense deve ser informado do histórico e dos objetivos do senhor Begin e de seu movimento.

As declarações públicas do partido de Begin não servem como guia para o real caráter da organização. Hoje os membros do partido falam em liberdade, democracia e anti-imperialismo, ao passo que, até pouco tempo atrás, pregavam abertamente uma doutrina de Estado fascista. É em suas ações que o partido terrorista denuncia seu verdadeiro caráter; por meio de seus atos passados é possível julgar o que podemos esperar que ele faça no futuro.

Ataque a uma vila árabe

Um exemplo chocante foi a conduta que o grupo teve em Deir Yassin[13]. Essa vila, que fica afastada das principais estradas e cercada por terras judaicas, não se envolveu na guerra, e até combateu bandos árabes que queriam usá-la como base. Em 9 de abril (segundo o New York Times), bandos terroristas atacaram esse lugar pacífico que não era um objetivo militar no conflito, assassinaram a maior parte de seus habitantes – 240 homens, mulheres e crianças –, e mantiveram alguns deles vivos para que desfilassem como prisioneiros pelas ruas de Jerusalém. A maior parte da comunidade judaica ficou horrorizada com tal ato, e a Agência Judaica enviou um telegrama pedindo desculpas ao rei Abdullah, da Transjordânia. Mas os terroristas, longe de se envergonhar por seus feitos, ficaram orgulhosos do massacre, divulgando-o amplamente, e convidaram todos os correspondentes estrangeiros presentes no país a ver o amontoado de cadáveres e a devastação generalizada na vila.

O incidente de Deir Yassin exemplifica o caráter e os atos do Partido da Liberdade.

No interior da comunidade judaica, os integrantes do partido vêm pregando uma mistura de ultranacionalismo, misticismo

---

[13] Em 1948, durante a guerra árabe-israelense, esta vila foi invadida por milicianos israelenses que buscavam desfazer o bloqueio a Jerusalém.

religioso e superioridade racial. Assim como outros partidos fascistas, eles estão esmagando greves e fazendo pressão para a destruição de sindicatos. Em proveito próprio, propuseram a criação de sindicatos corporativistas no modelo fascista italiano.

Durante os últimos anos de violência antibritânica esporádica, os grupos Irgun e Stern inauguraram um reino de terror na comunidade judaica da Palestina. Professores foram espancados por proferirem falas contrárias a esses grupos, e adultos foram fuzilados por não permitirem que crianças se juntassem a eles. Usando de métodos criminosos, espancamentos, depredação de janelas e saques, os terroristas intimidaram a população e lhes extorquindo pesados espólios.

Os integrantes do Partido da Liberdade não tiveram participação nas conquistas construtivas na Palestina, não recuperaram qualquer terra, não construíram assentamentos, apenas prejudicaram a atividade de defesa judaica. Suas muito divulgadas iniciativas de imigração foram pontuais, e dedicadas principalmente a trazer compatriotas fascistas.

Discrepâncias à mostra

A discrepância entre as reivindicações ousadas que agora são feitas por Begin e seu partido e o histórico de sua performance na Palestina sustenta a impressão de que não se trata de um partido político comum. Ele possui a marca inconfundível de uma agremiação fascista que tem o terrorismo (contra judeus, árabes e britânicos, na mesma medida) e a manipulação com meios para atingir o objetivo de tomar o Estado.

Sob a luz das considerações expostas acima, é imperativo que a verdade sobre o senhor Begin e seu movimento se torne conhecida neste país. É ainda mais trágico que a liderança máxima do sionismo estadunidense tenha se recusado a fazer campanha contra os esforços de Begin, ou até mesmo a expor a seus próprios componentes os perigos que Israel corre ao apoiá-lo.

Os abaixo-assinados, assim, vem por meio deste apresentar publicamente alguns fatos relevantes que dizem respeito a Begin e seu partido, bem como a urgência de exortar todos os interessados a não apoiar esta manifestação mais recente do fascismo.

ISIDORE ABRAMOWITZ, HANNAH ARENDT, ABRAHAM BRICK, RABBI JESSURUN CARDOZO, ALBERT EINSTEIN, HERMAN EISEN, M. D., HAYIM FINEMAN, M. GALLEN, M. D., H. H. HARRIS, ZELIG S. HARRIS, SIDNEY HOOK, FRED KARUSH, BRURIA KAUFMAN, IRMA L. LINDHEIM, NACHMAN MAISEL, SEYMOUR MELMAN, MYER D. MENDELSON, M. D., HARRY M. OSLINSKY, SAMUEL PITLICK, FRITZ ROHRLICH, LOUIS P. ROCKER, RUTH SAGIS, ITZHAKSANKOWSKY, I. J. SHOENBERG, SAMUEL SHUMAN, M. SINGER, IRMA WOLFE, STEFAN WOLFE.

Por que o socialismo? (1949)

Albert Einstein, o autor deste artigo, é um físico mundialmente famoso. Este artigo foi publicado originalmente na primeira edição da Monthly Review (em maio de 1949). Depois foi publicado em maio de 1998, para comemorar o quinquagésimo aniversário da primeira edição da revista.

Os editores.

É aconselhável àqueles que não são *experts* em questões econômicas e sociais expressar opiniões sobre assuntos como o socialismo? Por inúmeras razões, eu acredito que sim.

Deixe-nos considerar a questão a partir do ponto de vista do conhecimento científico. Pode parecer não haver nenhuma diferença metodológica essencial entre astronomia e economia: os cientistas, em ambos os campos, tentam descobrir leis de aceitabilidade geral para um grupo circunscrito de fenômenos, com a intenção de fazer a interconexão desses fenômenos da maneira mais clara e compreensível possível. Mas, na realidade, tais diferenças metodológicas existem. A descoberta de leis gerais no campo da economia é dificultada pela circunstância de que os fenômenos econômicos observados muitas vezes são afetados por diversos fatores que são muito difíceis de avaliar separadamente. Além disso, a experiência acumulada desde o início do chamado período civilizado da história humana – como bem se sabe – tem sido largamente influenciada e limitada por causas que não são, de modo algum, de natureza propriamente econômica. Por exemplo, a maioria dos principais Estados da história devem sua existência a conquistas. Os povos conquistadores se estabeleceram, econômica e legalmente, como a classe privilegiada do país conquistado. Eles tomaram para si o monopólio da propriedade da terra e nomearam sacerdotes dentre os seus. Os sacerdotes, no controle da educação, fizeram da divisão social uma instituição permanente e criaram um sistema de valores pelo qual as pessoas fossem, daí em diante, em grande parte inconscientemente, guiadas em seu comportamento social.

Mas essa tradição histórica é, por assim dizer, do passado; atualmente, em lugar algum, nós, de fato, superamos o que Thorstein Veblen[14] chamou de "fase predatória" do desenvolvimento humano. Os fatos econômicos observáveis pertencem

---

[14] Thorstein Veblen (1857 – 1929) foi um importante economista estadunidense, de ascendência norueguesa, da virada do século XIX para o século XX. Ele foi fundador da Economia Institucional. A perspectiva evolucionista de Charles Darwin teve importante influência no seu pensamento econômico e social. (N.E.)

àquela fase, e até as leis que podemos derivar deles não são aplicáveis a outras fases. Desde que o verdadeiro propósito do socialismo é precisamente superar e avançar para além da fase predatória do desenvolvimento humano, a ciência econômica, em seu estado presente, pode lançar pouca luz sobre a sociedade socialista do futuro.

Em segundo lugar, o socialismo é direcionado a fins sociais e éticos. A ciência, entretanto, não pode criar fins, muito menos instalá-los nos seres humanos; a ciência, no máximo, pode fornecer os meios pelos quais se alcançam certos fins. Porém, os próprios fins são concebidos por personalidades com ideais éticos grandiosos e – se esses fins não forem natimortos, mas vitais e vigorosos – são adotados e encampados pelos muitos seres humanos que, parte inconscientemente, determinam a lenta evolução da sociedade.

Por essas razões, nós devemos tomar cuidado para não superestimarmos a ciência e os métodos científicos quando a questão for sobre problemas humanos; e não devemos assumir que os especialistas são os únicos que têm o direito de se expressar quanto aos assuntos que afetam a organização da sociedade.

Vozes diversas vêm afirmando, já há algum tempo, que a humanidade está passando por uma crise, que sua estabilidade foi gravemente esfacelada. E é característico de tal situação que os indivíduos se sintam indiferentes, ou até mesmo hostis, ao grupo, pequeno ou grande, a que pertencem. Para ilustrar o que quero dizer, deixe-me recordar aqui uma experiência pessoal. Recentemente, eu discuti com um ser humano inteligente e bem-disposto sobre a ameaça de uma outra guerra, que, na minha opinião, poderia colocar a existência da humanidade seriamente em perigo, e comentei que apenas uma organização supranacional poderia oferecer proteção contra esse perigo. Foi então que meu interlocutor, muito calma e friamente, disse-me: "E por que você se opõe tão profundamente ao desaparecimento da raça humana?".

Estou certo de que há pouco mais de um século ninguém faria uma declaração desse tipo tão tranquilamente. Essa é a declaração de um ser humano que se esforçou em vão para conseguir manter um equilíbrio dentro de si e, em certa medida, perdeu a esperança de alcançá-lo. É a expressão da solidão dolorosa e do isolamento que tantas pessoas sofrem nos dias de hoje. O que causa isso? Há alguma saída?

É fácil levantar tais perguntas, mas é difícil respondê-las com algum grau de certeza. Devo tentar, no entanto, da melhor maneira que posso; contudo tenho muita consciência do fato de que nossos sentimentos e esforços muitas vezes são contraditórios e obscuros e que não podem ser expressos em fórmulas fáceis e simples.

O ser humano é, num mesmo e único instante, um ser solitário e social. Por ser solitário, tenta proteger a sua própria existência e a de quem lhe é mais próximo, para satisfazer seus desejos pessoais e para desenvolver suas habilidades inatas. Por ser social, busca angariar reconhecimento e afeição de seus companheiros humanos, para com eles compartilhar prazeres, confortá-los em suas dores e melhorar suas condições de vida. Somente a existência desses esforços variados, frequentemente conflitantes, dá conta do caráter especial de um ser humano, e a combinação específica deles determina em que medida um indivíduo pode alcançar o equilíbrio interior e contribuir para o bem-estar da sociedade. É bem possível que a força relativa desses dois impulsos seja, principalmente, fixada por herança. Mas a personalidade que por fim emerge é em muito formada pelo ambiente que o ser humano encontra em seu desenvolvimento, pela estrutura da sociedade em que cresce, pela tradição daquela sociedade e pelos tipos de comportamento particularmente apreciados por ela. O conceito abstrato de "sociedade", para o indivíduo humano, significa a soma total de suas relações diretas e indiretas com seus contemporâneos e com todas as pessoas de gerações anteriores. O indivíduo é apto a pensar, a sentir, a lutar e a trabalhar por si próprio, porém depende muito da sociedade – em sua existência física, intelectual e emocional –, tanto que é impossível pensá-lo ou entendê-lo fora do quadro social. É a sociedade que provê ao homem a comida, a roupa, a casa, os instrumentos de trabalho, a língua, as formas de pensamento e a maior parte do conteúdo do pensamento; a sua vida se torna possível através do trabalho e da realização das muitas milhões de pessoas, do passado e do presente, que estão escondidas por trás desta pequena palavra: "sociedade".

É evidente, portanto, que a dependência do indivíduo para com a sociedade é um fato da natureza, e como tal não pode ser abolido – assim como é o caso das formigas e das abelhas. Porém, enquanto todo o processo de vida das formigas e das abelhas é fixado, no mais diminuto detalhe, por instintos rígidos e hereditários, o padrão social e as inter-relações dos seres humanos são muito variáveis e suscetíveis a mudanças. A memória, a capacidade de fazer novas combinações e o dom da comunicação oral tornaram possível um tipo de desenvolvimento entre os seres humanos que não é ditado por necessidades biológicas. Tal desenvolvimento se manifesta em tradições, instituições e organizações; em literatura, em realizações da ciência e da engenharia, em obras de arte. Isso explica como, em certo sentido, o ser humano pode influenciar sua vida mediante sua própria conduta, e como nesse processo a consciência, o pensamento e a vontade podem desempenhar um papel.

Ao nascer, o ser humano adquire, por meio da hereditariedade, uma constituição biológica que devemos considerar fixa e inalterável, aí estão incluídas as urgências naturais que são características da espécie humana. Adicionalmente, durante a sua vida, ele adquire uma constituição cultural que vem da sociedade, por meio da comunicação e de muitos outros tipos de influência. É essa constituição cultural que, com o passar do tempo, está sujeita a mudar e que determina, em uma escala muito grande, a relação entre o indivíduo e a sociedade. A antropologia moderna nos ensinou, através da investigação comparativa das chamadas culturas primitivas, que o comportamento social dos seres humanos pode variar grandemente, a depender dos padrões culturais prevalentes e dos tipos de organização social que predominam na sociedade. E é nisso que aqueles que lutam para melhorar a sorte do ser humano devem fundamentar suas esperanças: os seres humanos não estão condenados, por causa de sua constituição biológica, a se aniquilar uns aos outros ou a estar à mercê de um destino cruel e autoinfligido.

Se nós nos perguntarmos como a estrutura da sociedade e a atitude cultural do ser humano pode ser alterada com o intuito de tornar a vida humana o mais satisfatória possível, devemos estar constantemente conscientes do fato de que há certas condições que não podemos mudar. Como foi mencionado anteriormente, a natureza biológica dos seres humanos, para todos os propósitos práticos, não está sujeita a modificações. Além disso, os desenvolvimentos tecnológicos e demográficos dos últimos séculos criaram condições que vieram para ficar. Em populações relativamente densas e com bens que são indispensáveis à continuação de sua existência, a divisão extrema do trabalho e um aparato produtivo altamente centralizado são absolutamente necessários. O tempo em que indivíduos ou grupos relativamente pequenos podiam ser completamente autossuficientes se foi para sempre – e, olhando para trás, esse tempo parecia tão idílico. É apenas um leve exagero dizer que hoje toda a humanidade constitui uma comunidade planetária de produção e consumo.

Agora cheguei ao ponto em que indico brevemente o que, para mim, constitui a essência da crise de nossa época. Ela concerne à relação do indivíduo com a sociedade. O indivíduo se tornou mais consciente do que nunca de sua dependência da sociedade, porém não a experimenta como um recurso positivo, um laço orgânico, como uma força que o protege, mas como uma ameaça a seus direitos naturais ou até mesmo a sua existência econômica. Além do mais, sua posição na sociedade é tal que os impulsos egoístas de sua constituição são constantemente acentuados, ao passo que seus impulsos sociais, cuja natureza é mais fraca, se deterioram progressivamente. Todos os seres humanos, seja de qual posição social forem, vêm sofrendo desse processo de deterioração. Prisioneiros sem saber de seu próprio egoísmo, eles se sentem inseguros, sozinhos e privados do gozo ingênuo, simples e não sofisticado da vida. O ser humano só pode encontrar significado para a vida, curta e perigosa como ela é, através de seu devotamento à sociedade.

A anarquia econômica da sociedade capitalista como ela é hoje, em minha opinião, é a verdadeira fonte do mal. Vemos diante de nós uma imensa comunidade de produtores cujos membros lutam incessantemente para privar uns aos outros dos frutos de seu trabalho coletivo – não pela força, mas com a fiel conformidade com as regras estabelecidas legalmente. Nesse sentido, é importante compreender que os meios de produção – isto é, toda a capacidade produtiva necessária para produzir os bens de consumo, assim como os bens de capital – pode ser legalmente, e em grande parte é, propriedade privada de indivíduos.

Para simplificar, na discussão que se segue chamarei de "trabalhador" todos os que não compartilham a propriedade dos meios de produção – embora isso não corresponda exatamente ao uso costumeiro do termo. O dono dos meios de produção está na posição de comprar a força produtiva do trabalhador. Com o uso dos meios de produção, o trabalhador produz novos bens que se tornam propriedade do capitalista. O ponto essencial acerca desse processo é a relação entre o que o trabalhador produz e o que lhe é pago, ambos mensurados em termos de valor real. Na medida em que o contrato de trabalho é "livre", o que o trabalhador recebe é determinado não pelo valor real dos bens que ele produz, mas sim pelas suas necessidades mínimas e pela demanda dos capitalistas por força de trabalho em relação ao número de trabalhadores competindo por emprego. É importante entender que mesmo em teoria a remuneração do trabalhador não é determinada pelo valor de sua produção.

O capital privado tende a se concentrar em poucas mãos, em parte por causa da competição entre os capitalistas, em parte por causa do desenvolvimento tecnológico e da crescente divisão do trabalho que encoraja a formação de unidades de produção maiores às custas das unidades menores. O resultado disso é uma oligarquia de capital privado cujo enorme poder não pode ser efetivamente fiscalizado nem mesmo por uma sociedade com organização política democrática. Isso é verdadeiro, haja vista que os membros dos corpos legislativos são selecionados pelos partidos políticos, que são amplamente financiados, ou mesmo influenciados, por proprietários de capital privado que, para todas as finalidades práticas, apartam o eleitorado da legislatura eleita. Como consequência, os representantes do povo, de fato, não protegem suficientemente os interesses dos setores desprivilegiados da sociedade. Além disso, sob as condições existentes, os donos do capital privado inevitavelmente controlam, direta ou indiretamente, as principais fontes de informação (imprensa, rádio, educação). Portanto é extremamente difícil, e na maioria dos casos verdadeiramente impossível, para o cidadão enquanto indivíduo chegar a conclusões objetivas e fazer uso inteligente de seus direitos políticos.

A situação prevalente numa economia baseada na propriedade privada do capital é, portanto, caracterizada por dois princípios basilares: primeiro, os meios de produção (o capital) são de propriedade privada, e os proprietários dispõem dele como bem entenderem; segundo, o contrato de trabalho é livre. É claro que uma sociedade capitalista *pura* nesse sentido é algo que não existe. Deve-se observar, em particular, que os trabalhadores, através de lutas políticas longas e acirradas, conseguiram conquistar melhorias na forma do "livre contrato de trabalho" para certas categorias de trabalhadores. Mas, em sua completude, a economia dos dias atuais não se difere muito do capitalismo "puro".

A produção é feita visando ao lucro, não ao uso. Não há provisão para que todas as pessoas aptas e dispostas a trabalhar estejam em condição de encontrar emprego; um "exército de desempregados" quase sempre existe. O trabalhador vive com medo constante de perder seu emprego. Como desempregados e trabalhadores mal pagos não constituem um mercado lucrativo, a produção de bens de consumo é restrita, e, por isso, vemos grandes adversidades como consequência. É mais frequente que o desenvolvimento tecnológico resulte em mais desemprego do que em alívio do fardo do trabalho para a maioria. A busca pelo lucro, em conjunto com a competição entre os capitalistas, é responsável por instabilidades na acumulação e utilização do capital, o que leva a depressões cada vez mais severas. A competição desmedida conduz ao desperdício de trabalho e àquela deformação da consciência social que antes mencionei.

Eu considero essa deformação do indivíduo o pior mal do capitalismo. Todo o nosso sistema educacional sofre dele. Um comportamento competitivo exagerado é inculcado nos estudantes, que são treinados para venerar o sucesso aquisitivo como forma de preparação para suas carreiras.

Eu estou convencido de que há apenas uma maneira de eliminar esses sérios males, nomeadamente através do estabelecimento de uma economia socialista, acompanhada de um sistema educacional que seja orientado a atingir metas sociais. Em tal economia, os meios de produção são de propriedade da sociedade e utilizados de um modo planificado. Numa economia planificada, em que a produção é ajustada às necessidades da comunidade, o trabalho a ser feito seria distribuído entre todas as pessoas aptas ao trabalho e garantiria condições de vida a todo homem, mulher e criança. A educação do indivíduo, juntamente com a promoção de suas habilidades inatas, poderia desenvolver um senso de responsabilidade pelos seus companheiros no lugar da glorificação do poder e do sucesso que existe em nossa sociedade atual.

Ainda assim, é importante lembrar que uma economia planificada ainda não é o socialismo. A economia planificada assim pode vir acompanhada pela completa escravização do indivíduo. A conquista do socialismo requer a solução de alguns problemas sociopolíticos extremamente complicados: como é possível, em vistas do longo alcance da centralização do poder político e econômico, evitar que a burocracia se torne toda-poderosa e soberba? Como os direitos do indivíduo poderiam estar protegidos, e com isso um contrapeso democrático ao poder burocrático estar garantido?

Ter clareza acerca dessas metas e problemas do socialismo é de grande significância em nossa era de transição. Posto que, sob as presentes circunstâncias, a discussão livre e desimpedida desses problemas se dá sob um poderoso tabu, eu acredito que a fundação desta revista é um serviço público importante.

Este livro foi composto em Minion Pro e Dharma Gothic.